授業で使える

中学校数学
パズル
ゲーム
大全

『数学教育』編集部 編

本書は『教育科学　数学教育』2014年5月号，2016年2月号，2016年5月号，2017年5月号，2018年11月号を増補，編集して作成したものです。

明治図書

パズル・ゲームを
数学授業のスパイスに

武庫川女子大学教授 神原一之

1 学校数学は楽しさを本質とする

　そもそも学校はギリシャ語の"schole"に由来した「暇」を意味します。また，ローマ時代には"ludus"（遊び）という言葉でも表現されています。つまり，本来，学校は「遊び」のごとく学びを楽しむ場所ということです。著名な歴史学者であるホイジンガは，著書『ホモ・ルーデンス』の中で，「遊び」こそが人間の活動の本質と主張しました。ホイジンガによる「遊び」の規定は「楽しさを本質とする自由な行動，日常からの離脱（虚構性・没利害性・独立の時間空間・独自の規則性）」です。一方，著名な数学者であり，数学教育者でもあるフロイデンタールは，「数学」を人間の活動として捉えました。このことから，「遊び」が学校数学を内包していると捉えることができます。ところが，PISA調査などの結果によれば，わが国の学校数学は，楽しさを本質とする自由な行動や没利害性を満たしているとは必ずしも言えない状況にあります。私たちを取り巻く社会は急速に変化し，人間と人工知能の能力が逆転するシンギュラリティ（技術的特異点）が2045年までに訪れると言われています。このような時代に生きる子どもたちに必要なことは，人間の活動の本質である「遊び」かもしれません。少し大げさな言い方をすれば，人間らしさを見失わない人間を育てていくために，数学を楽しむ子どもたちの層を厚くしていくことが数学教師の使命と言えます。

　さて，タイトルにあるように，パズル・ゲームは数学授業の本質に迫るべ

くスパイスになりうるのでしょうか？　はるか昔の狩猟時代から生活に役立つ植物を探し，食べものの味を調えるのに使用していたそうですから，人類はスパイスを古代文明以前から使用していたようです。古代文明を経て大航海時代には，西洋の商人たちが珍しいスパイスを求めて冒険をしました。そして，スパイスは心を癒す薬として，活力を増す強壮剤として，食用，薬用，香用など今日では実に多様な使用がなされています。このようにスパイスは人類の歴史とともに発展し存在してきました。ここでは，学校数学を自由に，そしてアクティブに転換する1つの手段としてのパズル・ゲームの効果について，スパイスを徴表として考えてみます。

2 「人類の文化遺産」としてのパズルを取り入れる

　「人類の歴史とともに」という観点で見れば，パズル・ゲームもスパイスのように存在してきたと言えます。例えば，世界最古のパズルとして著名なリンドパピルスに書かれた問題は，次のようなものです。

> 　あるところに，家が7軒ありました。1軒ごとの家には7匹ずつのネコが住み，1匹のネコは7匹のネズミを殺し，1匹のネズミは7束の小麦の穂を食べ，1束の穂からは7袋分の小麦粉をつくることができました。では，家とネコとネズミと小麦の穂と小麦粉の袋の数を全部合わせるといくつになるでしょうか。

　リンドパピルスは，紀元前1650年ごろの文書と言われています。今の私たちには，家とネコとズミと小麦の穂と小麦粉の袋の数の和を考えることには違和感がありますが，3600年以上も前の人類がこのような等比数列の和で表されるパズルを考える知識や楽しみをもっていたことを知ることは，それ自体大変興味深いことです。フィボナッチがこのパズルと似た問題をつくっています。実にこの間2800年と言われていますから，リンドパピルスからフィ

ボナッチまでをつないでいった人々やコト，物語があったはずです。日本にも，問題を出し合い解決することを楽しんだ「遺題継承」「算額」などの問題などがあり，それらの問題は現在でも時空を超えた人々との対話を楽しむことを提供します。先人たちが，その時代の文化の中でつくり，発展させてきた文化遺産を受け継ぐ確かな一人であることを自覚させるスパイスとして古（いにしえ）のパズルは魅力をもっています。

3 「心を癒す薬」としてゲームを取り入れる

　世界最古のスパイスとされるニッケイ（シナモン）は，心を癒す効果があると言われています。数学をすることで心を癒されるという人を目にすることは稀かもしれませんが，ゲームをして心を癒されたという人はよく耳にします。「数学ゲームを数学の授業に取り入れることによって，生徒をリラックスさせることができる」と感じたことが何度かあります。例えば，次のような「バズ」と呼ばれる古くからある有名なゲームです。

> 　任意の数を"禁句"として定めます。例えば禁句の数を7とします。参加者はこの数（7）やこの数の倍数（14, 21, 28…），さらにはこの数が出てくる数（17, 27, 37, …）を口にしてはならず，代わりに"バズ"（「ぶんぶん」という意味）と言います。このゲームは，4人程度でも，それよりも多い人数でも可能です。だれか口火を切る人が「1」と言い，次の人は「2」と言い，順に数を言っていきます。禁句の数を言ったり，言うべきところで言わなかったりすれば，その人は外れていくことになります。（アレンジの仕方は色々あります）

　このゲームは，間違う人がいなければまったくおもしろくありません。間違う人がこのゲームを楽しいものにしてくれます。「数学は正解を言わなければならない科目である」とすり込まれた生徒たちを解放するスパイスとし

て，数学の授業開きなどに用いることが考えられます。

4 「活力を増す強壮剤」としてパズル・ゲームを取り入れる

　スパイスの中で最も利用頻度の高いコショウは，料理の味を締め，辛味と香りを与えるだけでなく，身体の働きを活発にするものとして太古より利用されてきました。数学パズルやゲームに取り組むときには，考えることを楽しむワクワク感やわかったときのすっきり感，仲間と一緒に考える幸せ感が伴います。パズル・ゲームを数学の授業に結びつけて構成することで，このような感覚を伴った授業を生徒たちとともにつくることができます。「結びつけて構成する」には，パズル・ゲームを一単位授業だけではなく単元全体の強壮剤として価値づける発想が必要です。例えば，和算の「さっさ立て」は，二元一次連立方程式の単元目標と結びつくパズル・ゲームです。

> 　たとえば　三十文渡して　一文の方へと二文の方へと　一度一度にさあさあと　声をかけて分くる時　其の声数を　四五間も脇に居て聞くに　十八声ならば　一文の方へ六文有べしと答ふるなり
> 　　　　　　　　　　　　　　　　　　中根彦盾『勘者御伽草子』より

　数学のパズル・ゲームは，レクリエーショナル・マスマティクスと呼ばれることがあります。パズル・ゲームは，授業に限らず単体として楽しむことができるものです。でも，これらを数学の授業に取り入れることを工夫することで，人類の偉大な文化遺産に触れることができたり，数学の知識・理解を深めることができたり，思考することを楽しむことができたりする教材となります。このような文化性・実用性・陶冶性に関する数学教育の3つの目的を満たすパズルやゲームが多くあります。

　本編では，32ジャンル85本のパズルやゲームを紹介します。子どもたちの笑顔と未来のために，あなたはどんなスパイスを用いますか？

Contents

Introduction
パズル・ゲームを数学授業のスパイスに

1　学校数学は楽しさを本質とする……002
2　「人類の文化遺産」としてのパズルを取り入れる……003
3　「心を癒す薬」としてゲームを取り入れる……004
4　「活力を増す強壮剤」としてパズル・ゲームを取り入れる……005

授業で使える中学校数学 パズル・ゲーム大全

数・計算

魔方陣……012
　正方形の魔方陣（1年／正負の数など）
　円形の魔方陣（1年／正負の数など）
　星形の魔方陣（1年／正負の数など）
　立方体の魔方陣（1年／正負の数など）

数づくり……016
　10つくり（1年／正負の数など）
　4つの4（1年／正負の数など）
　小町算（1年／正負の数など）
　倍数づくり（1年／文字と式など）

特別な数①（フィボナッチ数，三角数，平方数）……020
　面積のパラドックス（3年／相似な図形）
　人間ピラミッド（3年／多項式）
　奇数の和（3年／多項式）
　三次元人間ピラミッド（3年／多項式）

特別な数②（ピタゴラス数） 024
  ピタゴラス数①（3年／多項式）
  ピタゴラス数②（3年／多項式）

穴埋めパズル・五輪パズル 026
  数の穴埋めパズル（1年／正負の数）
  五輪パズル（1年／文字と式）

ぶどうの房パズル 030
  ぶどうの房パズル（2年／確率など）

虫食い算 032
  和の虫食い算（1年／方程式）
  積の虫食い算（1年／正負の数）

覆面算 035
  あぶり出し覆面算（2年／連立方程式など）

正負の数トランプ 038
  正負の数の和（1年／正負の数）
  正負の数の混合算（1年／正負の数）

速算術 042
  どうやってたしているの？（1年／正負の数）
  どうやってかけ算しているの？（2年／式の計算，3年／多項式）
  並びの数の二乗はどうやって計算するの？（3年／多項式）

連続する整数 046
  連続する整数の積の和（1年／文字と式）
  階段状の積の和（1年／文字と式）

数当て ... 052
　ラッキーナンバー（2年／式の計算）
　サイコロの目の積と和（3年／多項式）

1万マスパズル・階段パズル ... 056
　1万マス計算パズル!?①（2年／式の計算）
　1万マス計算パズル!?②（2年／式の計算）
　階段パズル①（2年／式の計算）
　階段パズル②（2年／式の計算）

図形

塗り分けパズル ... 060
　天体ショー（1年／平面図形）

コインパズル ... 062
　コインパズル（1年／平面図形）

一刀切り ... 064
　一刀切りとは？（1年／平面図形）
　いろいろな形を切りだそう（1年／平面図形）
　一刀切りの可能性

シルエットパズル ... 068
　清少納言知恵の板（1年／平面図形）
　清少納言知恵の板の部分的利用（1年／平面図形）
　ユークリッドパズル（3年／相似な図形，三平方の定理）

多角形のしきつめ ... 072
　三角形のしきつめ（2年／平行と合同）
　四角形以上のしきつめ（2年／平行と合同）

最短距離問題 076
　水汲み問題（1年／平面図形）
　橋架け問題（1年／平面図形）
　価値判断の伴う井戸掘り問題（1年／平面図形）

裁ち合わせ 080
　正方形から長方形へ（1年／平面図形など）
　長方形から正方形へ（3年／三平方の定理）
　面積が変わる!?（1年／平面図形など）

正方形づくり 086
　正方形をつくろう（3年／三平方の定理）
　正方形を組み合わせよう（3年／三平方の定理）

一筆書き 090
　線のつながり（1年／平面図形など）
　一筆書きできる図の見分け方（1年／平面図形など）
　一筆書きの方法の探し方（1年／平面図形など）
　ケーニヒスベルクの橋渡り（1年／平面図形など）

立方体パズル 094
　立方体の展開図（1年／空間図形）
　21世紀の数楽パズル―THE 立体（1年／空間図形）

立体パズルアラカルト 098
　立方体の変身（1年／空間図形）
　見えない迷路（1年／空間図形）
　ほどける紐（1年／空間図形など）

関数

グラフ・アート ……………………………………………………… 104
　　グラフ・アートをつくろう（2年／一次関数など）

関数ゲーム ……………………………………………………………… 110
　　関数当てゲーム①（2年／一次関数）
　　関数当てゲーム②（2年／一次関数）
　　関数当てゲーム③（3年／関数 $y = ax^2$）

統計・確率

統計の問題 ……………………………………………………………… 116
　　分布推測ゲーム（1年／資料の散らばりと代表値）
　　何の DATA で SHOW？（1年／資料の散らばりと代表値）
　　電化製品の比較（1年／資料の散らばりと代表値）
　　閣僚資産の平均値は適切な値？（1年／資料の散らばりと代表値）
　　本当にB組の平均点の方が高くなるの？（3年／標本調査）

確率の問題 ……………………………………………………………… 128
　　サイコロの目の出方はみな同じ？（2年／確率）
　　確率は $\frac{1}{2}$ ？　$\frac{1}{3}$ ？　それとも $\frac{1}{4}$ ？（2年／確率）
　　コインの反対側はオモテ？　それともウラ？（2年／確率）
　　おかしな賭け（2年／確率）
　　不思議なじゃんけん・ストレートフィンガー（2年／確率）

その他

パラドックス … 138
ガリレオのパラドックス（1年／正負の数）
モンティ・ホール問題（2年／確率）
ゼノンのパラドックス（3年／相似な図形）

暗号 … 144
シーザー暗号（3年／多項式）

数学マジック … 148
オセロマジック（2年／式の計算）
数当てマジック（1年／文字と式）
カードマジック（2年／式の計算）

数学史の問題 … 154
〔ギリシャ〕
ディオファントスのお墓（1年／方程式）
〔エジプト〕
リンド・パピルスの問題（2年／連立方程式）
〔日本〕
めのこ平方（3年／平方根）
〔アラビア〕
2匹の鳥（3年／三平方の定理）

授業で使える

中学校数学 パズル・ゲーム大全

数・計算

魔方陣

1 正方形の魔方陣（1年／正負の数など）

❶問題

> 右の空欄に，−4，−3，−2，−1，0，+1，+2，+3，+4の9個の数字を1つずつ入れて，たて，横，斜めの3個の数字の和がすべて同じになるようにしてみましょう。ただし，回転したり，裏返したりして同じになるものは，同じ答えとみなします。

❷答え

答えは右のもの1種類しかありません。

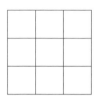

❸授業で扱うポイント

この問題は，本来は1～9の数字を1個ずつ入れて，たて，横，斜めの3個の数字の和がすべて同じになるようにするもので，3×3ですから「三次の魔方陣」と呼ばれています。答えは右のもの1種類しかありません。上記の問題は，この三次の魔方陣の各数字から5をひくことによってつくられています。魔方陣には，三次の魔方陣の他に，四次の魔方陣，五次の魔方陣，…，円形の魔方陣，星形の魔方陣，立方体の魔方陣など様々あります。

2　円形の魔方陣（1年／正負の数など）

❶問題

　右の図で，○の中に1〜10の数字を1個ずつ入れて，どの円周上の3個の数字の和も14になるようにしてみましょう。

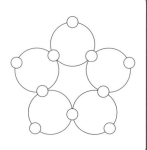

❷答え

答えは右のもの1種類しかありません。

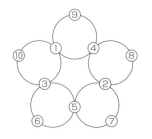

❸授業で扱うポイント

　用いられる数字は1〜10であり，3個の数字の和が14だから，一番大きい数字10について考えれば，10と3と1の和しかありません。そこで，1つの円の3個の数字が決まります。

　次に，3の数字が含まれる円の残り2個の数字は，9と2，7と4，6と5の場合が，1の数字が含まれる円の残り2個の数字は，9と4，8と5，7と6の場合が考えられます。これらの場合を順に当てはめて考えていけば，答えは上記の1種類しかないことがわかります。

　この解答では，負の数は出てきませんが，前ページの三次の魔方陣で述べたように，各数字から一定の数をひくことによって，正負の数による様々な魔方陣をつくることができます。また，次ページ以後に紹介する星形の魔方陣，立方体の魔方陣でも同様です。

3 星形の魔方陣（1年／正負の数など）

❶問題

　右の図で、○の中に1〜12のうちの10個の数字を入れて、各直線上の4個の数字の和が24になるようにしてみましょう。

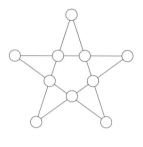

❷答え

　答えは12通りありますが、そのうちの1つを示せば、右のようになります。

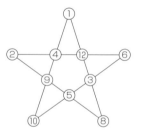

❸授業で扱うポイント

　○の数は10個ですから、可能ならば、1〜10の数字を1個ずつ入れて、各直線上の4個の数字の和が同じになるようにしたいところですが、それは不可能ですので、上記の問題のように、1〜12のうちの10個の数字を用いるような問題にしました。

　また、上記の星形で、各直線上の4個の数字の和が28になるような魔方陣もつくることができ、それは12通りありますので、挑戦してみてください。

4　立方体の魔方陣（1年／正負の数など）

❶問題

右の図で，○の中に1～8の数字を1個ずつ入れて，どの面の4個の数字の和も18になるようにしてみましょう。

面は6つあります。

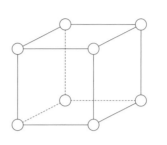

❷答え

答えは，次のように少なくとも2通りあります。

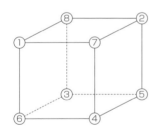 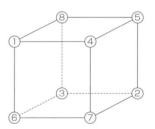

❸授業で扱うポイント

1～8のうちの4個の数字を用いて18になる組合せを考えれば，
（1，2，7，8），（1，3，6，8），（1，4，5，8），（2，3，6，7），（2，4，5，7），（3，4，5，6）
などがありますから，これらを各面に当てはめていけば，上記の答えを得ることができます。

（上垣　渉）

授業で使える

中学校数学 パズル・ゲーム大全

数・計算

数づくり

1 　10つくり（1年／正負の数など）

❶問題

> JR京都駅で切符を買いました。写真の右下に示されているように，4桁の整数「5420」があります。
>
>
> この4個の数字5，4，2，0と＋，－，×，÷，（　）を用いて，10をつくってみましょう。数字はどのような順に用いても構いませんし，2つ並べて2桁の整数にしても構いません。

❷答え

正解例（3つ）は下記の通りです。

　5×2＋4×0＝10　　　5×4÷2＋0＝10　　　5×(4－2)＋0＝10

❸授業で扱うポイント

　この「10つくり」は，車のナンバープレートの番号や電話番号の下4桁を用いても行うことができます。例えば，街を走っている車のナンバープレートの番号は「7384」でした，と出題したとき，この4個の数字を用いて10をつくるのは難しく，生徒は苦労することでしょう。正解は，（3－7÷4）×8＝10です。

2　4つの4（1年／正負の数など）

❶問題

> 　4を4つと＋，－，×，÷，（　）を用いて，いろいろな整数をつくってみましょう。例えば，0については，
> 　　$4＋4－4－4＝0$
> のようにつくることができます。また，
> 　　$4＋4－(4＋4)＝0$　　あるいは，$44－44＝0$
> のようにつくることもできます。
> 　なお，4は**必ず**4つ使用しなければなりません。
> 　では，1から10までをつくってみましょう。

❷答え

　次のようになりますが，他の表し方もあります。

$4÷4＋4－4＝1$　　　　　$4÷4＋4÷4＝2$
$(4＋4＋4)÷4＝3$　　　　$4＋(4－4)×4＝4$
$(4×4＋4)÷4＝5$　　　　$(4＋4)÷4＋4＝6$
$4＋4－4÷4＝7$　　　　　$4＋4＋4－4＝8$
$4＋4＋4÷4＝9$　　　　　$(44－4)÷4＝10$

❸授業で扱うポイント

　この問題は「4つの4」（Four Fours）と呼ばれる有名なものです。どの学年でもできますから，授業の合間にでもやってみるとよいでしょう。
　また，3年で平方根を学習すれば，$4＋4＋4＋\sqrt{4}＝14$などもつくることができます。11以上の整数についてもやってみてください。

3 小町算（1年／正負の数など）

❶問題

> 　数字1〜9の順序は崩さないで，数字の間に＋，－，×，÷を入れて100にすることを，日本では古くから「小町算」と呼んでいます。例えば，
>
> 　　123＋45－67＋8－9＝100
>
> はその一例です。計算結果が100になる小町算は他にもありますから，それを見つけてみましょう。

❷答え

　解答例は右の通りです。　　12＋3＋4＋5－6－7＋89＝100

❸授業で扱うポイント

　＋，－だけを用いる小町算の解答は12通りが知られていますが，用いる記号数が最も少ないものと最も多いものを示すと，

　123－45－67＋89＝100，－1＋2－3＋4＋5＋6＋78＋9＝100

となり，記号数はそれぞれ3個，8個です。

　また，数字の順序を逆の9〜1にして100にする問題は「逆小町算」と呼ばれていて，＋，－だけを用いるものは18通り知られています。そして，用いる記号数が最も少ないものと最も多いものを示すと，

　98－76＋54＋3＋21＝100，－9－8＋76－5＋43＋2＋1＝100

となり，記号数はそれぞれ4個，7個です。

　この問題も，1年で正負の数を学習した後は，どの学年でもできますから，授業の合間にでもやってみるとよいでしょう。なお，＋，－，×，÷を用いた小町算は正順で150個，逆順で198個知られています。

4　倍数づくり（1年／文字と式など）

❶問題

> 1〜6の数字を1個ずつ用いて，次のような6桁の整数をつくります。
> この整数の上2桁は2の倍数，上3桁は3の倍数，上4桁は4の倍数，上5桁は5の倍数，上6桁は6の倍数となる。
> このような6桁の整数を2通りつくってみましょう。

❷答え

右のようになります。　　123654　　321654

❸授業で扱うポイント

　この問題は，倍数の見分け方に関するものです。「2の倍数は一の位が偶数であればよい」「5の倍数は一の位が0か5であればよい」はよく知られていますが，他の場合はどうでしょうか。

　4の倍数を考えてみましょう。4×25＝100ですから，例えば，2564であれば，2500＋64と考えると，2500は4の倍数ですから，64が4の倍数であればよいことになります。つまり，下2桁が4の倍数であれば，その整数は4の倍数になります。次に，3の倍数を考えてみましょう。例えば，2564であれば，2564＝2×(999＋1)＋5×(99＋1)＋6×(9＋1)＋4＝(2×999＋5×99＋6×9)＋(2＋5＋6＋4) となり，(2×999＋5×99＋6×9)は3の倍数ですから，(2＋5＋6＋4)が3の倍数であればよいことになります。つまり，その整数の各位の数字の和が3の倍数であれば，その整数は3の倍数になります。また，6の倍数は2の倍数かつ，3の倍数であればよいことは明らかです。これらのことを用いて考えさせましょう。

（上垣　渉）

授業で使える

中学校数学 パズル・ゲーム大全

数・計算

特別な数①
フィボナッチ数，三角数，平方数

1 面積のパラドックス（3年／相似な図形）

❶問題

右の図のように，左の正方形を切って並べ直し，右のような長方形にすると面積が変わってしまうのは，なぜでしょうか。正方形を同じように切るとき（右の図では1辺が8で3と5に分ける），同じような現象が起きることがあるでしょうか。

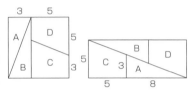

❷答え

正方形の面積は64，長方形の面積は65となり，面積が1増えています。図形Aと図形Cを合わせた図形を三角形と見て図形Aとの関係を調べると，対応する辺の比が等しくない（8：3≠13：5）ことから相似ではありません。つまり，図形Aと図形Cを合わせた図形は図形Aと相似ではなく，図形A，B，C，Dを並べ替えて長方形をつくることができていないと言えます。

同様に，1辺が3で2と1に分ける場合は面積が1増え，1辺が5で3と2に分ける場合は面積が1減るなど，同じような現象が見られます。

❸授業で扱うポイント

課題提示の際，段ボールなどを利用して大型の図形を作成してその裏に磁石を付けておき，黒板などに貼り付けて操作することによって生徒の関心を高めます。また，動かす操作の前に，黒板に正方形の図をかいたり正方形の

図をかいた模造紙を貼ったりして、長方形との関連がわかるようにします。段ボールなどを利用することによって図形の精度を落とし、長方形に並べ直したときに隙間が目立たないようにして現象の不思議さを演出します。

同じような現象とは、面積が1増減する現象であり、それは辺の長さがフィボナッチ数であるときに見られる現象です。フィボナッチ数は、最初の2つを0と1とし、その次は前の2つの和となっているもので、1、2、3、5、8、13、21、…となっています。この数列の連続する3つの数で正方形を構成するときにこのような現象が見られることが知られています。いくつかの例を実際に計算したり表計算ソフトで性質を調べたりするのもよいでしょう。また、この話題をきっかけに自然界に見られるフィボナッチ数を紹介し、数への関心をもたせます。

2 人間ピラミッド（3年／多項式）

❶問題

> 組体操の1つに、人間ピラミッドがある。1人を2人で支える方法で三角形のピラミッドを作成するとき、2段　3段　4段　…　n段 全員の重さが同じで上の段の全員の重さが下の段の全員に均等にかかるとする。上からn段目の人には、何人分の重さがかかることになるでしょうか。

❷答え

　$(n-1)$段までの人数の合計は、右のように2倍にして長方形にし、それを基に計算すると$(n-1)n/2$となり、その人数分の重さを最下段のn人で分けると$(n-1)/2$となる。

❸授業で扱うポイント

　多項式の計算として扱い、1から$n-1$までの和の式を求めますが、1からnまでの和の式も求め、1から10、1から100までの和も文字式を利用す

ることで容易に求められることを確認します。最下段の人には5段でも2人分の重さがかかることから，危険性があることに気付かせます。このような数を三角数といい，1から$n-1$までの和と1からnまでの和の合計を求めてそれがn^2であることに気付かせ，数の神秘性を感得させます。また，○や●を並べた図で考察し，n^2であることへの理解を深めます。2倍にする方法は，数学者ガウスが幼少期に考えた方法であることも紹介します。

3 奇数の和（3年／多項式）

❶問題

> 1，3，5…と続く奇数のn番目までの和を式で表しなさい。

❷答え

n番目までの奇数は$2n-1$と表され，1から$2n-1$までの和はn^2となる。

❸授業で扱うポイント

帰納的に求めることは容易ですが，右のように図で表して平方数であることを視覚的に表したり，それぞれに1を加えると1からnまでの和の2倍になることを利用して求めたり，様々な方法を考えさせます。

4 三次元人間ピラミッド（3年／多項式）

❶問題

> 組体操の人間ピラミッドは，二次元のものでは，3段で1人分，5段で2人分の重さを支えなくてはならない。正四角錐ピラミッドのように1人を4人で支えるようにした場合，支える人の負担が1人分，2人分の重さを超えるのはそれぞれ何段目でしょうか。また，上からn段目の人には，何人分の重さがかかることになるでしょうか。

❷答え

　4段目で7／8，5段目で6／5，6段目で55／36，7段目で13／7，8段目で35／16であることから，1人分，2人分を超えるのは5段目，8段目となります。1^2からn^2までの和は$n(n+1)(2n+1)／6$であることから，1^2から$(n-1)^2$までの和は$(n-1)n(2n-1)／6$となります。これをn段目の人数のn^2でわると，$(n-1)(2n-1)／6n$となります。

❸授業で扱うポイント

　平方数の和を扱うのは中学校段階では難しいため，グループでの学び合い学習が適しています。

　1人分，2人分を超える場合は，計算をすることで求めることはできますが，平方数の和はそのままでは求められないことが予想されるため，ヒントを準備することが望ましいでしょう。例えば，右の図のように平

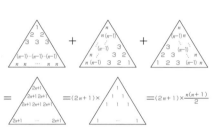

方数の和を視覚的に表し，その3つ分の合計から求める方法などのヒントを段階的に用意して支援します。平方数の和の求め方は様々な方法がありますが，三角数との関連から次のようにアンダーライン部分を求めさせながら，帰納的に平方数の和の求め方を導かせることもできます。

$$1^2 : 1 = \underline{3} : 3$$
$$(1^2+2^2) : (1+2) = \underline{5} : 3$$
$$(1^2+2^2+3^2) : (1+2+3) = \underline{7} : 3$$
$$(1^2+2^2+3^2+4^2) : (1+2+3+4) = \underline{9} : 3$$
$$(1^2+2^2+3^2+4^2+5^2) : (1+2+3+4+5) = \underline{11} : 3$$
$$\vdots$$
$$(1^2+2^2+\cdots+n^2) : (1+2+\cdots+n) = \underline{(2n+1)} : 3$$

したがって，$(1^2+2^2+\cdots+n^2) = (1+2+\cdots+n)(2n+1)／3$
$$= n(n+1)(2n+1)／6$$

（上原　永護）

中学校数学 パズル・ゲーム大全

授業で使える

数・計算

特別な数②
（ピタゴラス数）

1　ピタゴラス数①（3年／多項式）

❶問題

> A，B，C を $A^2+B^2=C^2$ を満たす自然数とします。このとき，C＝B＋1 であるものをすべて求めよう。

❷答え

$A=2n+1$，$B=2n^2+2n$，$C=2n^2+2n+1$（n は自然数）

❸授業で扱うポイント

　3：4：5や5：12：13はよく知られており，すぐに答えられます。中には7：24：25や9：40：41も出るかもしれませんが，問題は「すべて求めよう」なので，知っているものやがんばって求めたものだけでは不十分であり，文字式の計算が不可欠です。C＝B＋1として $A^2+B^2=C^2$ に代入し，移項すると $A^2=(B+1)^2-B^2$ となり，$A^2=2B+1$，よって，$B=\dfrac{A^2-1}{2}$ なので，右辺が自然数になるAを求めます。二乗したものが奇数であればよいので，Aは奇数であることが必要十分条件。したがって，n を0以上の整数として $A=2n+1$ であればよいのです。このとき，$B=2n^2+2n$，$C=2n^2+2n+1$ となりますが，$n=0$ のとき，すなわちA＝1のとき，B＝0，C＝1 となり，等式は満たすがBは自然数ではないので不適。その他の n においてはA，B，Cすべて自然数になります。Aが奇数であればピタゴラス数が存在するのですが，一方で，奇数Aから等式を満たすB，C

を求めるのは大変であり，闇雲に探しても見つけられるとは限らないので，こういう考察は意味があります。

2　ピタゴラス数②（3年／多項式）

❶問題

> A，B，CをA²＋B²＝C²を満たす自然数とします。このとき，C＝B＋2であるものをすべて求めよう。

❷答え

$A = 2n$，$B = n^2 - 1$，$C = n^2 + 1$（nは2以上の自然数）

❸授業で扱うポイント

C＝B＋1でできたから，C＝B＋2も調べてみたいという発想はほしいところです。C＝B＋2として式変形すると$B = \dfrac{A^2}{4} - 1$，右辺が自然数になるにはA^2が4の倍数であればよいので，Aが偶数であることが必要十分条件。よって，nを自然数としてA＝$2n$であればよいのです。このとき，B＝$n^2 - 1$，C＝$n^2 + 1$となりますが，$n = 1$ではB＝0となるので除きます。いくつか計算すると（4，3，5），(6，8，10)，（8，15，17），(10，24，26)，（12，35，37），(14，48，50)，（16，63，65），(18，80，82)，（20，99，101），…前問と合わせ，Aが3以上の自然数であればピタゴラス数が存在することがわかります。注目すべきは前問で得られた結果を単に2倍したもの（下線）をすべて含んでいるという点です。もちろん，A，B，Cが互いに素ではないものも入っているので精細な考察ではありませんが，生徒の興味を引き出すきっかけとしては十分おもしろいものです。

　C＝B＋3やC＝B＋4なども同様に考察でき，その計算途中で法則性が見つかります。「一般化するとどうなる？」という生徒の意欲的な姿勢を期待します。

（小澤　壽康）

授業で使える

中学校数学 パズル・ゲーム大全

数・計算

穴埋めパズル・五輪パズル

1 数の穴埋めパズル（1年／正負の数）

❶問題

① 下の□の中に，

1，−2，3，−4，5，−6，7，8，−9

の異なる9個の数を1回ずつ入れて（同じ数は2回使えません），等式を成立させてください。

　　□＋□＝□

　　□−□＝□

　　□÷□＝□

② 下の□の中に，

−6，−5，−4，−3，−2，−1，1，2，3，4，5，6

の異なる12個の数を1回ずつ入れて（同じ数は2回使えません），等式を成立させてください。

　　□＋□＝□

　　□−□＝□

　　□×□＝□

　　□÷□＝□

❷答え

①正解例

$\boxed{1}+\boxed{7}=\boxed{8}$ $\boxed{-9}+\boxed{5}=\boxed{-4}$

$\boxed{-4}-\boxed{5}=\boxed{-9}$ $\boxed{8}-\boxed{1}=\boxed{7}$

$\boxed{-6}÷\boxed{3}=\boxed{-2}$ $\boxed{-6}÷\boxed{-2}=\boxed{3}$

②正解例

$\boxed{2}+\boxed{4}=\boxed{6}$ $\boxed{1}+\boxed{5}=\boxed{6}$

$\boxed{-3}-\boxed{1}=\boxed{-4}$ $\boxed{-2}-\boxed{3}=\boxed{-5}$

$\boxed{3}×\boxed{-2}=\boxed{-6}$ $\boxed{-1}×\boxed{-4}=\boxed{4}$

$\boxed{-5}÷\boxed{-1}=\boxed{5}$ $\boxed{-6}÷\boxed{2}=\boxed{-3}$

❸授業で扱うポイント

　①では，最初にわり算に注目します。わり算として成立するのは，「8，−2，−4」「−6，3，−2」の2つの組合せだけとなります。

　「8，−2，−4」の組合せでは，残った1，3，5，−6，7，−9で，和と差の等式を2つつくることはできません。

　「−6，3，−2」の組合せでは，残った1，−4，5，7，8，−9で，「1，7，8」「−4，5，−9」の組合せで等式ができます。

　②では，同様にかけ算とわり算に注目します。かけ算，わり算として成立するのは，「±2，±3，±6」「−1，−5，5」か，「±2，±3，±6」「−1，−4，4」の2つの組合せだけとなります。

〈参考文献〉

・北川恵司『Why？　数の不思議あそび』（サイエンティスト社）

2 五輪パズル（1年／文字と式）

❶問題

　2020年は，東京でオリンピックが開かれます。オリンピック旗は，下の図のように5つの円が交わってできていますよね。

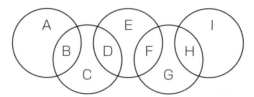

　A〜Iに，−2，−1，0，1，2，3，4，5，6の9つの異なる数を全部使い1つずつ入れて，5つの円の中の数の和をすべて等しくするとき，次の問いに答えてください。

① 1つの円の中の数の和が7になるとき，B，D，F，Hに入る数の和はいくつでしょうか。

② ①で，A＝1のとき，Iに入る数を求めてください。

③ 円の中の数の和が5や6になるときの，A〜Iに入る数の例をそれぞれ求めてください。

❷答え

① 1つの円の中の数の和が7だから，

A＋B＝B＋C＋D＝D＋E＋F＝F＋G＋H＝H＋I＝7

よって，A＋B＋B＋C＋D＋D＋E＋F＋F＋G＋H＋H＋I＝7×5

ここで，A〜Iの和は−2〜6の和と等しく，18だから，

18＋B＋D＋F＋H＝35

よって，B＋D＋F＋H＝17

② ①で，A＝1のとき，B＝6となり，D＋F＋H＝11
　　D，F，Hは，－2，－1，0，2，3，4，5のいずれかとなり，
　　「5，4，2」の組み合わせしかありません。
　　B＝6より，C＋D＝1だから，D＝2，C＝－1となり，
　　同様にして，E＝0，F＝5，G＝－2，H＝4，I＝3とわかります。

③　（例）和が5

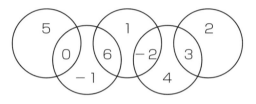

　　和が6

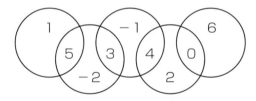

❸解説
　この問題は，小問を与えずに，「さあ，入る数を考えてごらん」でもできますが，パズル的に試行錯誤を繰り返す生徒が多くなると予想されます。
　最初2問の小問で考え方のヒントを与えて③につなげることで，解答例を導きやすくなります。
　なお，「他にもできる和があるか」や，「和が5や6のとき，他にも解答例があるか」についてまでは完全には検証していません。また，他の数を使った発展問題もできるかもしれません。ぜひ，考えてみてください。

（松浦　敏之）

授業で使える

中学校数学 パズル・ゲーム大全

数・計算

ぶどうの房パズル

1　ぶどうの房パズル（2年／確率など）

❶問題

　図1では，1～3の異なる数字が1つずつ入っていて，上の段の2つの数字の差が下の段の数字になっています。同様に，図2のA～Fに1～6の異なる数字を入れて，上の段の2つの数字の差が下の段の数字になるものは何通りあるでしょう。また，図3のA～Jに1～10の異なる数字を入れて，上の段の2つの数字の差が下の段の数字になるものは何通りあるでしょう。

図1　　　　　　　　図2　　　　　　　　図3

❷答え

　図2では，1～6までに偶数が3個，奇数が3個あり，最大数の6は最上段に来ます。このとき，A，B，Cの配置の場合は，逆順を除くと，a 偶偶偶，b 偶偶奇，c 偶奇偶，d 偶奇奇，e 奇偶奇（偶数を「偶」，奇数を「奇」）の5通りあり，問題の通り計算すると，

　　　a 偶偶偶　　b 偶偶奇　　c 偶奇偶　　d 偶奇奇　　e 奇偶奇
　　　　偶偶　　　　偶奇　　　　奇奇　　　　奇偶　　　　奇奇
　　　　偶　　　　　奇　　　　　偶　　　　　奇　　　　　偶

となり，このうち，偶数が3個，奇数が3個となるのは，bとcのみ。

その場合，逆順を除くと以下の18通りで，

① 6 2 1　　② 6 2 3　　③ 6 2 5　　④ 2 6 1　　⑤ 2 6 3　　⑥ 2 6 5
　 4 1　　　　 4 1　　　　 4 3　　　　 4 5　　　　 4 3　　　　 4 1
　　3　　　　　 3　　　　　 1　　　　　 1　　　　　 1　　　　　 3

⑦ 6 4 1　　⑧ 6 4 3　　⑨ 6 4 5　　⑩ 4 6 1　　⑪ 4 6 3　　⑫ 4 6 5
　 2 3　　　　 2 1　　　　 2 1　　　　 2 5　　　　 2 3　　　　 2 1
　　1　　　　　 1　　　　　 1　　　　　 3　　　　　 1　　　　　 1

⑬ 6 1 2　　⑭ 6 3 2　　⑮ 6 5 2　　⑯ 6 1 4　　⑰ 6 3 4　　⑱ 6 5 4
　 5 1　　　　 3 1　　　　 1 3　　　　 5 3　　　　 3 1　　　　 1 1
　　4　　　　　 2　　　　　 2　　　　　 2　　　　　 2　　　　　 0

■の部分が不適切な状況であり，適解は③，⑥，⑩，⑯。

図3では，同様に考えると，以下の3通りが条件に当てはまり，

奇奇偶偶　　　　　　　奇偶奇偶　　　　　　　偶奇偶偶
偶奇偶　　　　　　　　奇奇奇　　　　　　　　奇奇偶
奇奇　　　　　　　　　偶偶　　　　　　　　　偶奇
偶　　　　　　　　　　偶　　　　　　　　　　奇

10は最上段，9，8は最上段または2段目だから，次の4通り。

9 3 10 8　　　　　9 10 3 8　　　　　8 1 10 6　　　　　6 1 10 8
 6 7 2　　　　　　 1 7 5　　　　　　 7 9 4　　　　　　 5 9 2
  1 5　　　　　　　 6 2　　　　　　　 2 5　　　　　　　 4 7
   4　　　　　　　　 4　　　　　　　　 3　　　　　　　　 3

❸授業で扱うポイント

数学への関心を高めるのに効果的な問題で，5段で1〜15でもできます。

（松浦　敏之）

授業で使える

中学校数学 パズル・ゲーム大全

数・計算

虫食い算

1　和の虫食い算（1年／方程式）

❶問題

> 1から12までの数を1回ずつ使い，次の4つの式を完成させなさい。
>
> 1＋ア＝イ　…①
> ウ＋8＝エ　…②
> オ＋5＝9　…③
> 2＋カ＝キ　…④

❷答え

　1＋6＝7
　3＋8＝11
　4＋5＝9
　2＋10＝12

❸授業で扱うポイント

　適当に当てはめてもできなくはないのですが，論理的に解決する学びを授業の中でさせたいものです。4つの式のうち，まず，注目するべきなのはどの式か。子どもたちは答えが限定される③と答えるでしょう。
　9－5＝4…オ

情報が手に入るごとに，子どもたちに整理させます。

1＋ア＝イ　…①
ウ＋8＝エ　…②
2＋カ＝キ　…④
残りの数…3・6・7・10・11・12

次に，どの式に着目するべきなのかを考えさせます。

①の式に着目すると，

　1＋6＝7　　1＋10＝11　　1＋11＝12

の3種類の式が考えられ，吟味する必要があります。しかし，そもそも吟味する必要があるのかを，②・④の式から探ります。

　残りの数を考えたときに，②で考えられる式は3＋8＝11しかありません。

　同様に，④の式も2＋10＝12しか考えられません。よって，①の式は残りの数の1＋6＝7と決まります。

　問題解決するための最も近道は何か。それを教えてくれる問題です。

2　積の虫食い算（1年／正負の数）

❶問題

　かけ合わせている数は，すべて素数です。□に当てはまる1桁の数を求めなさい。
　□×□×4□×4□＝108241
---

❷答え

　7→7×7×47×47＝108241

❸授業で扱うポイント

　108241の約数を探すことになります。条件から，約数の1つが40〜49の間にあることに気付かせたいところです。

　子どもたちの中で役割分担をして108241をわる作業をします。ただ，明らかにわる必要のないものは外します。議論の結果，絞られた数は41・43・47・49の4つ。

　108241÷41＝2640.02…　→不適

　108241÷43＝2517.23…　→不適

　108241÷47＝2303

　108241÷49＝2209

　よって，□に入る数は7か9となります。ここから，どう吟味するかを考えさせます。

考え方①

　もう一度，同じ数でわる。

　2303÷47＝49

　2209÷49＝45.08…　→不適

　よって，□＝7となる。

考え方②

　実際に当てはめてみて，答えが108241になるかどうかを確かめる。

　7×7×47×47＝108241

　9×9×49×49＝194481　→不適

　よって，□＝7となる。

　前半の問題は，考え方によっては吟味する必要性が生じませんでした。逆に，後半の問題は，吟味することで答えが限定されていくおもしろさを実感させたいところです。

（伊藤　邦人）

授業で使える
中学校数学 パズル・ゲーム大全

数・計算

覆面算

1 あぶり出し覆面算（2年／連立方程式など）

❶問題

> 下の文字で書かれた式を，次の2つの規則で計算式が成り立つように，数の式に直してください。
>
> ①同じ文字には同じ数字（0から9までの整数），異なる文字には異なる数字を入れる
> ②最上位の文字には0を入れない
>
> (1)
> ```
>                 し．ろ
>       ひろしまし)うみだしまだ
>                うううりまり
>                  しみしりり　ま
>                  うりひうえ　う
>                    みぎひひ　だ
> ```
>
> (2)
> ```
>               うたう
>          のうは)ながいうた
>                のうは
>                くうはう
>                くすしす
>                 しうた
>                 のうは
>                 うすう
> ```
>
> 　0　1　2　3　4　5　6　7　8　9

　覆面算とは，上記の問題のように文字で表された式を計算が成り立つ数の式に置き換えるパズルです。覆面算を考えることで数の様々な性質がわかり，論理的思考や推測する力が養われます。覆面算はたし算のものが最も普及していますが，それは本誌2014年5月号で紹介しているので，今回は「あぶり出し」と言われるわり算の覆面算を紹介します。たし算の問題では問題がそのまま文章になっていますが，わり算の問題では除数・被除数・商（(1)で

はそれぞれ「ひろしまし（広島市）・うみだしまだ（海だ島だ）・し．ろ（城）」の部分）に意味のある言葉が入るようにつくります。それらの言葉に関連があるほど，解きたくなるような問題と言えるでしょう。ちなみに，(1)は「広島市は前後左右海や島に囲まれ，お城もある素敵な街です」，(2)は「長い歌を歌ってα波を出してくつろぐように，数学も楽しみましょう」という意味を込めて問題をつくっています。わり算でも覆面算の規則は変わりませんが，手がかりが増えるのでたし算よりもはるかに解きやすくなっています。そして，たし算・ひき算・かけ算で表された覆面算は数の式に置き換えれば終わりであるのに対し，わり算では「あぶり出し」と言われるもう1つの仕掛けを入れることが多々あります。それは覆面算を解いた後，0から9に使われた文字を順に並べると言葉が現れるというものです。解いた後もどんな言葉が出るかで楽しめるので，いっそう謎解きの興味がわきます。

❷答え

(1)まえうしろみぎひだり，(2)すうがくはたのしいな

❸授業で扱うポイント

(1)の解法を説明します。この問題では商に小数点が出ていることから，おりてきた「ま＝0」がわかります。また，最初のひき算の下2位で「ま」ひく「ま」が「り」になっていますが，これは下1位へ繰り下がりが起きていることを表すので，「り＝9」になります。すると，最初のひき算の下1位は繰り下がりを考慮すれば「10＋だーり＝り」，ここに「り＝9」を代入すれば「だ＝8」が得られます。さらに，2回目のひき算の下1位から「10－う＝だ＝8」なので「う＝2」，続いて，2回目のひき算の上1位から「し＝う＋1＝3」になります。ここで，2回目のかけ算の下1位に目を転じれば，「ろ×し＝う（繰り上がりは無視する）」で「う＝2，し＝3」なので「ろ＝4」，2回目のかけ算の下2位と「ま＝0」から「え＝1」が，同じ部位のひき算から「ひ＝7」も得られます。すると，2回目のひき算の上3位，1回目のひき算の上3位から「ぎ＝6，み＝5」になり，すべての文字が数

字に置き換えられました。ここで，0から9に使われた文字を順に並べると，隠された言葉「まえうしろみぎひだり（前後右左）」が現れます。

　解き方はこのように文章で書くと長くなってわかりにくいのですが，問題にわかった数字を書き入れながら解いていけば，最初に述べたように，手がかりになる箇所がたくさんあるので，自然に解けていきます。手がかりが多い分，上記以外の解き方も多数考えられることでしょう。

　では，「あぶり出し覆面算」はどのようにしてつくるのでしょうか。凝った問題なので，一見つくるのは難しそうですが，実は予想以上に簡単です。

①まず，異なる10文字からなる言葉を考えます（例：まえうしろみぎひだり）。その際，清音と濁音・半濁音はそれぞれ異なる文字とみなします。また，拗音「ゃ」「ゅ」「ょ」や促音「っ」などは大きく表記します。

②次に，その10文字から重複してもよいので適当に文字を選び，除数・被除数に当たる単語または短い言葉（例：ひろしまし，うみだしまだ）をつくります。ここで，単語の先頭に0に該当する文字（この場合は「ま」）を入れないように気を付けましょう。また，この単語や言葉は何でもよいのですが，関連するような言葉を探すと解きたくなる気持ちが高まります。

③除数・被除数に当たる言葉が決まれば実際に筆算でわり算し，途中に現れる式に0から9までのすべての数が表出することを確認します。ここが最も大切で，すべての数が表出されないと問題そのものが成立しません。

④最後に商に当たる数を文字に置き換え，意味がある言葉であれば完成です。

　せっかくよい言葉を思い付いても，③や④の段階で上手くいかないことも多々あります。そのようなときも決して諦めないで，覆面算が完成するまで②で別の言葉を延々と探せば必ず問題はつくれます。なお，生徒に紹介するときの最大の注意は，筆算の部分を正確に記述することです。ここを間違えると，せっかくの問題も台無しになってしまいます。

〈参考文献〉
・片桐善直『京子のパズル』（波書房）

（中原　克芳）

授業で使える

中学校数学 パズル・ゲーム大全

数・計算

正負の数トランプ

1 正負の数の和 （1年／正負の数）

❶問題

　4人程度のグループをつくって親を決めます。4人の場合はトランプのJ（ジャック），Q（クイーン），K（キング）の絵札を除いた40枚から3枚×4人＝12枚を親が適当に選び，それとジョーカー1枚を合わせた合計13枚の札を用意します。そして，親から順に1枚ずつ配ります。すると，親が4枚，他の人は3枚ずつカードを持つことになります。

　ゲームはババ抜きの要領で，まず親のカードを1枚隣の人が引き，時計回りに1枚ずつ引いていきます。ババ抜きでは同じ数字の札がそろえば場に捨てて手札を減らしますが，このゲームでは場に捨てません。

　1周した後，自分が引かれたときに，引かれたカードは無効にしてゲームを終了する権利をもちます。終了の合図が出たら，それぞれの持点を計算し，得点の高い人が勝ちとします。

　得点の計算方法は，黒のカード（スペード，クラブ）はプラスの数，赤のカード（ハート，ダイヤ）はマイナスの数，ジョーカーは0として計算し，A（エース）は1とします。

❷授業で扱うポイント

　このゲームのねらいは，得点の計算をすることによって，正負の数の和を求める練習をすることです。

この授業のはじめに，2項の和を求める計算を数題行って計算方法の復習をします。その後，4人のグループをつくり，机をつけて座り，そのグループの中で，親になる人を1人決めるように指示します。

　ゲームの説明用個人プリントとトランプ1組を各グループに配付し，ゲームの説明をします。「終了したとき，ある人の手持ちの3枚のカードがクローバーの3，ハートの7，ジョーカーとすると，その人の得点は，(＋3)＋(－7)＋0の計算を，＋3，－7，0の和とみて，＋3－7＋0の計算をして得点の－4点を求める」というように，各個人の得点の計算方法を具体例を用いて確認します。また，そのグループで5回の合計で勝敗を決め，3回繰り返すことを伝えます。5回の得点の合計が記録できるように，個人の配付プリントに得点表を用意しておきます。

　1回戦目は，終了と同時に引かれたカードが無効になるため，グループ全員の得点計算は3項の和を求めることになります。1回戦目が終わった段階で，グループ内で親を決め直すように指示します。そして，次の2回戦目は，親が最初に用意する札を，絵札を除いた40枚から4枚×グループの人数分を選び，ジョーカー1枚を合わせた枚数を用意してゲームを行うことを伝えます。この2回戦目の得点計算は，4項の和を求めることになります。

　3回戦目を始める前に，親を再度決め直します。そして，親が最初に用意する札を，絵札も加えたすべてのカード52枚から4枚×グループの人数分を選び，ジョーカー1枚を合わせた枚数を用意してゲームをします。このように，少しずつ各個人の得点計算に負荷をかけていくようにします。

　各グループの最高得点を発表させた後，最後にルール変更をしてもう一度対戦することを伝えます。ルールの変更点は，5回それぞれの終了時に5人の得点を確認し，終了を宣言した人がグループ内で最高得点でないときは，そのグループの最低得点の人と点数を入れ替えるということを伝えます。ゲーム終了後，各グループの最高得点を発表させます。最後に，正負の数の計算を用いることでゲームをすることができたことを確認します。

2　正負の数の混合算（1年／正負の数）

❶問題

　4人程度のグループをつくって親を決めます。4人の場合はトランプのJ（ジャック），Q（クイーン），K（キング）の絵札を除いた40枚のカードをよく切った後，親から順に1枚ずつ配っていき，1人5枚になるようにします。
　5枚のカードを順に机の上に表向きに置いていきます。最初の1枚を黒のカードは数字に関係なく「たす」，赤のカードは「ひく」として使います。あとの4枚を使って，2枚1組にしてかけた数を1つの項として，2つの項をつくります。4枚の組合せを考えて，計算した結果ができるだけ大きい数になるように考えます。つくった2つの項の加減を計算し，その結果を各人の得点として，得点の高い人が勝ちとします。
　ただし，黒のカード（スペード，クラブ）はプラスの数，赤のカード（ハート，ダイヤ）はマイナスの数として計算し，A（エース）は1とします。

各人の得点の計算方法

　配られたカードが，最初のカードがハートの4で，あとの4枚のカードがスペードの2，スペードの5，クラブの8，ダイヤの7のとき，2枚の組合せを考えて2つの項をつくって計算すると，
　　$5 \times (-7) - 2 \times 8 = -35 - 16 = -51$
　　$5 \times 8 - 2 \times (-7) = 40 + 14 = 54$
などが考えられます。

❷授業で扱うポイント

　この授業のはじめに，混合算の計算を数題行って計算方法の復習をして，その後4人のグループをつくり，親になる人を1人決めます。

ゲームの説明用個人プリントとトランプ１組を各グループに配付し，ゲームの説明をします。３回対戦し，各対戦の後に各人が最大の数になっているかをグループ全員で確認するように指示します。３回の対戦が終わったところで，各グループの親の人に最大の数をつくるコツを発表させます。

　次に，配られた５枚のカードを自由に使って先ほどの計算を行い，３回対戦することを伝えます。各対戦の後に「たす」「ひく」のカードの選び方が適切であったかどうかを検討しながら，各人が最大の数になっているかをグループ全員で確認するように指示します。

　さらに，１人に配るカードの枚数を８枚に増やし，最初に配られたカードを最初の項と２項目の「たす」「ひく」のカード，２回目に配られたカードを２項目と３項目の「たす」「ひく」のカードとします。あとの６枚を２枚１組にしてかけた数を１つの項として３つの項をつくります。６枚の組合せを考えて，計算した結果ができるだけ大きい数になるように考えます。つくった３つの項の加減を計算し，その結果を各人の得点として得点の高い人が勝ちとすることを伝えます。対戦は２回行い，各対戦の後に６枚の組合せを適切に選び，各人が最大の数になっているかをグループ全員で確認するように指示します。

　最後の対戦は，１人に配るカードの枚数を８枚とし，その８枚のカードを自由に使って先ほどの計算を行い，対戦します。各対戦の後に「たす」「ひく」のカードの選び方が適切であったかどうかを検討しながら，各人が最大の数になっているかをグループ全員で確認するように指示します。

　トランプのＪ（ジャック），Ｑ（クイーン），Ｋ（キング）の絵札を除いた40枚でゲームを考えましたが，計算力に自信のあるグループでは，すべてのカードを使い，ジョーカーは「たす」「ひく」のいずれでも使えるカードとすることも可能です。また，今回は最大の数を考えましたが，最も小さい数や10などの特定の数に近い数をつくるなどのアレンジも可能です。

（吉村　昇）

授業で使える

中学校数学
パズル・ゲーム大全

数・計算

速算術

1 どうやってたしているの？（1年／正負の数）

❶問題

```
T    黒板に，3桁の好きな数をたてに並べて書いてください。
S1   では，153と書きます。
S2   私は，472にします。                      1 5 3
T    それでは，私は846と書きます。              4 7 2
     だれかもう1つ，3桁の数を書いてもらえますか？  8 4 6
S3   何でもいいのですか？　では，579にします。    5 7 9
T    それでは，私は527と書きます。           ＋ 5 2 7
     これらの数をたすといくつでしょう？              ?
```

❷答え

2577

❸授業で扱うポイント

　実際の授業では，「これらの数をたすといくつでしょう？」と問いかけるより，527と書いてたし算になることを示した直後に「答えは2577ですね。確かめてみてください」と一瞬で計算を行ってみせ，まずは生徒に「どうやって計算したのだろう？」と思わせることがポイントになります。また，このたし算を何回か行い，どこに仕掛けがあるのかを観察する時間を十分取るようにします。さらに，その都度，異なる生徒に3桁の数を決めてもらうこ

とで，生徒は「どんな数でも成り立つ仕掛けがあるのではないか？」と考えるようになります。とにかく一瞬で計算をすることが大切で，何回かの観察を通して「私もできた！」という生徒が出てくると盛り上がります。

　実は，S1，2が書いた数にたすと999になる数をそれぞれに加えていることが，しかけです。ここで，1000＝999＋1ですから，1000を2つつくって2579とした後で（－1）＋（－1）である－2を加えているのです。

　153＋846＝999，472＋527＝999より，
　<u>(153＋846)＋(＋1)</u>＋<u>(472＋527)＋(＋1)</u>＋579＋(－2)
　　　　1000　　　　　　　　1000

この計算の仕掛けについて生徒が説明する過程で，正負の数で学んだことを用いて考えられるようにすることが，もう1つのポイントです。この計算に生徒が慣れてきたら，「じゃあ4桁にしてもできるよね！」と桁数を上げ，発見された仕掛けが常に使えるのか確かめてみてもよいでしょう。

2　どうやってかけ算しているの？（2年／式の計算，3年／多項式）

❶問題

> 次の計算をしなさい。
> ①　45　　②　55　　③　65　　④　75
> 　×45　　　×55　　　×65　　　×75

❷答え
①　2025　②　3025　③　4225　④　5625

❸授業で扱うポイント
　この問題も，生徒が「どうやって計算しているの？」と驚くほどの早さで計算してみせることが大切です。この問題でも，計算結果ではなく，むしろ計算の仕掛けにどう気付かせるかがポイントになります。一の位が5の場合

043

から始めるのはそのためで，観察を通じて生徒に次の発見を促します。

①20　25　②30　25　③42　25　④56　25
　4×5　5×5　　5×6　5×5　　6×7　5×5　　7×8　5×5

次に，この発見が15^2，25^2，35^2，85^2，95^2それぞれの場合でも成り立つかどうかを確かめさせます。そのうえで，次の計算についても考えさせます。

⑤46×44　⑥53×57　⑦68×62　⑧71×79

ここでも答えを観察し，先の発見から類推することで次の発見を促します。

⑤20　24　⑥30　21　⑦42　16　⑧56　09
　4×5　6×4　　5×6　3×7　　6×7　8×2　　7×8　1×9

さらに，①～⑧の計算に共通していることについて考えさせることで，かけられる数とかける数の十の位が等しく，一の位の和が10になっていることに気付かせることが，もう1つのポイントになります。

ここまでくると，生徒もなぜそのような計算が成り立つかについて考えてみたくなります。そこで文字を使ってその理由について確かめてみると，次のようになるのですが，どの学年で行うかはその扱い方次第になってきます。

$(10a + b)(10a + c) = 100a^2 + 10a(b + c) + bc$

ここで，$(b + c)$は，5+5はもちろんですが，一の位の数の和ですから，10になります。よって，次のような式が導かれますので，速算が成り立つわけです。

$100a^2 + 100a + bc = 100a(a + 1) + bc$

3　並び数の二乗はどうやって計算するの？（3年／多項式）

❶問題

$9^2 = 81$，$99^2 = 9801$，$999^2 = 998001$，…と計算していくとき，999999^2の答えはいくつになるでしょうか？

❷答え

999998000001

❸授業で扱うポイント

　33や555，9999のように同じ数字がいくつも並んだ数をここでは「並び数」と呼んでいます。この問題でも，導入の場面で生徒に9の並び数を先に決めさせておいて，その二乗を一瞬で計算してみせることで「どうやって計算しているのだろう？」と思わせたいものです。また，この問題も観察を通して仕掛けに気付かせることがポイントになります。まず，9の並び数の桁数を次のように大きくしていくと，生徒は何らかの規則に気付くはずです。

　$999^2 = 998001$，$9999^2 = 99980001$，$99999^2 = 9999800001$

　例えば，「並び数に9が1つ増えるたびに，その二乗の答えは先頭に9を1つ付け加えて十の位に0を1つ付け加えたものになっている」と考える生徒もいるかもしれませんし，もちろん，これとは異なる表現もあるでしょう。

　ここで見つけた規則性を999999^2に当てはめて答えを予想して確かめてもよいでしょう。その予想を確かめることで，規則性の正しさは確信に変わっていくはずです。

　ここまでくると，生徒もそのような規則がなぜ成り立っているのか知りたくなってきます。それを，次のように展開の公式を用いて，位に着目して観察させて考えさせることが，もう1つのポイントになります。

　$999^2 = (1000 - 1)^2$
　　　　$= 1000000 - 2000 + 1$

　※たてに並べた方が生徒にはわかりやすいかもしれません。

〈引用・参考文献〉
・北川惠司『Why？　数の不思議あそび』（サイエンティスト社）
・中村義作『速算100のテクニック』（講談社）
・中村義作『どこまで解ける日本の算法』（講談社）

（北島　茂樹）

授業で使える

中学校数学
パズル・ゲーム大全

数・計算

連続する整数

1　連続する整数の積の和（1年／文字と式）

❶問題

次の和を計算しなさい。
1×2＋2×3＋3×4＋…＋100×101

❷答え

次のように小石を並べた。100番目の小石の数はどうなるでしょう。

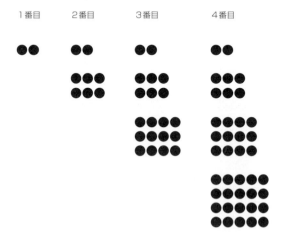

解法1

　これは式を図示したものと言えます。一番左1列を切り離すと，右側は四

角数の和となっています。

（4番目）

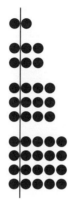

解法2

長方形の形がたされていくので，各長方形を斜めに半分にすると，三角数の和×2となっています。

（4番目）

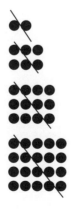

解法3

求める和 S＝1×2＋2×3＋3×4＋…＋100×101 とします。

S＝1×2＋2×3＋3×4＋…＋100×101 のすべての項を3倍し，

$1×2×(3−0)+2×3×(4−1)+3×4×(5−2)+\cdots+100×101×(102−99)$

$=(1×2×3−0×1×2)+(2×3×4−1×2×3)+\cdots+(100×101×102−99×100×101)$

$=−0×1×2+100×101×102$

$=100×101×102$

よって，求める和は $\dfrac{100×101×102}{3}$

解法4

次のような三角形を考え，120°，240°回転させ，3つを重ねます。

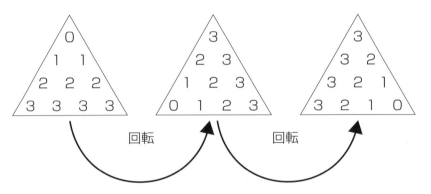

すると，$3S=(n+2)×\dfrac{(n+1)(n+2)}{2}$ となっています。

よって，求める和は $\dfrac{100×101×102}{3}$

❸授業で扱うポイント

　三角数（自然数の和），四角数（平方数）を導入で扱い，その発展としてこのような教材を扱うと，直感勝負のアイデアが必要です。

　このような和の一般化は高校でも扱いますが，中学校1年でも，小石を並

べる問題として扱うことができます。

2 階段状の積の和（1年／文字と式）

❶問題

> 次の和を計算しなさい。
> $1 \times 100 + 2 \times 99 + 3 \times 98 + \cdots + 100 \times 1$

❷答え

次のように小石を並べました。100番目の小石の数はどうなるでしょう。

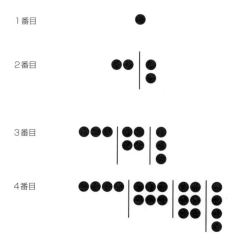

解法1

横に区切ると，下から三角数が順に並んでいます。

ここで，連続する整数の積の和と比較します。

こちらは縦横交互に分け，すべて半分に分割してみます。すると，連続する整数の積の和の半分になっていることが一目でわかります。

(4番目)

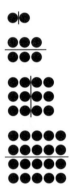

よって，求める和は $\dfrac{100 \times 101 \times 102}{3} \times \dfrac{1}{2}$

解法2

次のような三角形を考え，120°，240°回転させ，3つを重ねます。

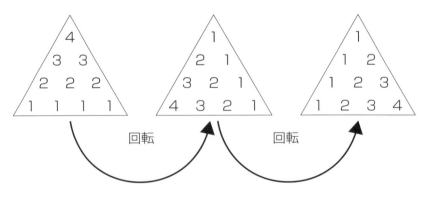

すると，$3S = (n+2) \times \dfrac{n(n+1)}{2}$ となっています。

よって，求める和は $\dfrac{100 \times 101 \times 102}{6}$

解法3

隣り合う結果の比をとります。

$$1 \times 1 = 1$$

$\times \dfrac{4}{1}$

$$1 \times 2 + 2 \times 1 = 4$$

$\times \dfrac{5}{2}$

$$1 \times 3 + 2 \times 2 + 3 \times 1 = 10$$

$\times \dfrac{6}{3}$

$$1 \times 4 + 2 \times 3 + 3 \times 2 + 4 \times 1 = 20$$

$\times \dfrac{7}{4}$

$$1 \times 5 + 2 \times 4 + 3 \times 3 + 4 \times 2 + 5 \times 1 = 35$$

このようになっていることから，

100番目の結果は，

$$\dfrac{4}{1} \times \dfrac{5}{2} \times \dfrac{6}{3} \times \dfrac{7}{4} \times \cdots \times \dfrac{102}{99}$$

$$= \dfrac{100 \times 101 \times 102}{6}$$

❸授業で扱うポイント

1で紹介したものも同様ですが，この手の自然和を求めるものは，ひらめきとアイデアを，生徒からたくさん引き出すことができる問題です。

なお，ここで紹介した解法は，すべて中学1年生が出したものです。

（三井田裕樹）

授業で使える

中学校数学 パズル・ゲーム大全

数・計算

数当て

1　ラッキーナンバー（2年／式の計算）

❶問題

　上の図のように，6から10までのカードを順に並べて行うマジックがあります。このマジックは相手に，自分にわからないように下の①から⑤の指示にしたがってカードの上を動いてもらい，最後に相手がどの数のカードの上にいるのかを当てるものです。

①1から9までの整数を2つ選び，それらの整数の和を求める。

②①で求めた和を2倍する。

③まず，8のカードをスタートとして，②の計算結果の数だけ，右でも左でも好きな方向へ動く。ただし，動くときは，カードを飛ばすことなく1つずつ次のトランプへと動き，端にある6と10のカードの上にきたら，方向を変えて1つずつ動く。

④次に，右でも左でも好きな方向へ5動く。

⑤最後に，右へ6動く。

　さて，あなたがこのマジックを行ったとき，相手がどの数のカードの上にいるかを当ててください。

❷答え

　相手は，いつでもラッキーナンバー「7」のカードの上にいます。

6から10までのカードは順に並んでいますから，カードの上を１ずつ動くときには必ず，偶数，奇数，偶数，奇数と入れ替わりながら動くことになります。①で相手は勝手に２つの整数を選び，それらの整数の和を求めます。相手が選んだ数がわからないので，和もわかりませんが，この和は②で２倍され，その結果は偶数になります。③でスタートに決めた８は偶数です。８から②の計算結果の偶数だけ動くことは，偶数に偶数を加えていることになります。「偶数と偶数の和は偶数」であることから，③までの指示にしたがった後は，必ず偶数である６，８，10のいずれかのカードの上にいます。右に動いても左に動いても，結果が偶数であることは変わりません。

　④で右か左か好きな方向へ５動きますが，５は奇数です。「偶数と奇数の和は奇数」であることから，④までの指示にしたがった後は，必ず奇数である７または９のカードの上にいます。⑤で右へ６動きますが，７のカードから右へ６動く場合は端の10のカードの上で方向を変えて７のカードに戻り，９のカードから右へ６動く場合は10のカード，６のカードの上で方向を変えて７のカード上にいきます。どちらにしても最後は「７」です。

❸授業で扱うポイント

　生徒は２年「式の計算」において，「２×（整数）は偶数を表す」ことや「偶数と奇数の和は奇数」であることなどを例にして，文字を用いた式で数量・数量関係をとらえて説明することを学びます。しかし，文字式を使った計算や証明だけでは，数量・数量関係を捉えて説明することの有用性は，生徒には理解しにくいものです。

　この問題は，具体的な数を使って①から⑤の手順にしたがって実際に何度か動いてみると，ほとんどの生徒が答えは「７」になることに気付きます。なぜ，だれが行っても最後に必ず「７」のカードの上にいるのかを考えさせたり，数の性質を利用して手順を変えて新しいマジックをつくらせたりすることは，生徒に数の性質を捉えることのおもしろさや有用性を実感させるために役に立つと思います。

2 サイコロの目の積と和（3年／多項式）

❶問題

　佐藤さんが，鈴木さんと高橋さんにそれぞれカードを1枚ずつ渡して言いました。「私は2個のさいころを同時に投げました。鈴木さんのカードには出た目の数の積が，高橋さんのカードには出た目の数の和が書いてあります。自分のカードの数字だけを手がかりに，出た目を当ててください」
　しばらくして，鈴木さんは「この数から出た目は当てられない」と，高橋さんは「私も出た目は当てられない。だけど，この数から鈴木さんが当てられないことはわかる」と言いました。そこで，佐藤さんが「出た目の数は連続する整数ではありませんでした」というヒントを出すと，2人とも「何の目が出たかわかった」と声を上げました。
　さて，鈴木さんと高橋さんのカードに書かれた数を当ててください。

❷答え

　鈴木さんのカードに書かれていた数は「4」，高橋さんのカードに書かれていた数は「5」です。

表1　出た目の数の積

A\B	1	2	3	4	5	6
1	1	2	3	4	5	6
2	2	4	6	8	10	12
3	3	6	9	12	15	18
4	4	8	12	16	20	24
5	5	10	15	20	25	30
6	6	12	18	24	30	36

表2　出た目の数の和

A\B	1	2	3	4	5	6
1	2	3	4	5	6	7
2	3	4	5	6	7	8
3	4	5	6	7	8	9
4	5	6	7	8	9	10
5	6	7	8	9	10	11
6	7	8	9	10	11	12

　表1，表2は2個のさいころをA，Bとして，起こり得るすべての場合の積と和を整理したものです。鈴木さんの「出た目は当てられない」という発言から，表1の網掛けをした数ではないことがわかります。表1の網掛けをした数の場合，例えば，$24 = 2^3 \times 3$ のように因数分解して考えると，出る

目の組合せは1通りとわかるので，出た目を当てることができます。

　高橋さんの「出た目は当てられない」という発言から，表2の網掛けをした数ではないことがわかります。表2の網掛けをした数の場合，2つの数の和がその数になる組合せは1通りしかないので，出た目を当てることができます。また，「鈴木さんが当てられないことはわかる」という発言から，高橋さんが持っているカードの数は4，6，7，8，9，10ではないことがわかります。例えば，出た目の和が4になる（1，3），（2，2），（3，1）のとき，（1，3），（3，1）ならば積は3となり，積から出た目が当てられ，（2，2）ならば積は4となり，積から出た目は当てられないので，高橋さんは，鈴木さんが出た目を当てられるか当てられないか判断できません。表2の和に○を付けている目が出た場合は積から出た目が当てられ，和に△を付けている目が出た場合は積から出た目は当てられません。和が5であるときだけが，すべての場合で積から出た目が当てられないので，高橋さんは，鈴木さんが出た目を当てられないと断言できます。和が5になるのは，（1，4），（2，3），（3，2），（4，1）ですが，出た目は連続する整数ではないことから（1，4），（4，1）であるとわかります。

❸授業で扱うポイント

　生徒は3年「式の計算」において，素因数分解を学びます。整数に関連した問題や事象を考察する際に，素因数分解や数の合成・分解を用いて論理的に考察する手法はしばしば使われます。この問題は，生徒にとって簡単とは言えませんが，難しい計算はなく，整数の性質を使って丁寧に考えれば結果は得られ，問題を解く過程で数の性質についての理解を深めることができます。パズル感覚で楽しく取り組ませると，生徒に結果に至る過程を論理的に思考させたり，説明させたりするために役に立つと思います。手順に当てはめて素早く答えを出すことだけを数学と思っている生徒に，なぜそうなるのかを時間をかけて考えることのおもしろさを感じさせたいものです。

（和田　美代）

授業で使える

中学校数学
パズル・ゲーム大全

数・計算

1万マスパズル・階段パズル

1 1万マス計算パズル!? ①（2年／式の計算）

❶問題

縦100マス，横100マスの中に，1行目にはすべて1を，2行目には1から100までの数を，3行目には1から2ずつ増える数を100個，4行目には1から3ずつ増える数を100個，5行目には1から4ずつ増える数を100個，というように100行目まで順に数字を入れます。

1	1	1	1	1	…	…	1
1	2	3	4	5	…	…	100
1	3	5	7	9	…	…	199
1	4	7	10	13	…	…	298
1	5	9	13	17	…	…	397
・	・	・	・	・	・	・	・
・	・	・	・	・	・	・	・
1	100	199	298	397	…	…	9802

このすべてのマスの中に100という数は全部でいくつあるか答えなさい。

❷答え

6個

❸授業で扱うポイント

順番に入っている数字を調べるので，難しく考える必要はないですが，対称性など，どのような規則で並んでいるかを見極めることが大切です。

2　1万マス計算パズル!?②（2年／式の計算）

❶問題

1	1	1	1	1	…	…	1
1	2	3	4	5	…	…	100
1	3	5	7	9	…	…	199
1	4	7	10	13	…	…	298
1	5	9	13	17	…	…	397
・	・	・	・	・			・
・	・	・	・	・			・
1	100	199	298	397	…	…	9802

　1の問題と同じようなマスに入った数について，このすべてのマスの中にある100から200までの数のうち，ちょうど1個だけしか出てこない数はいくつあるか答えなさい。

❷答え
　2個

❸授業で扱うポイント
　この1万マスの表を見ていると，忍耐力が必要になりそうですが，実はあることをすると，あっと驚くほど簡単に問題を考えることができます。生徒たちはなかなか気が付かないかもしれません。この表，すべてのマスに入った数から1をひいてみてください。すると，どうでしょうか。1万マスの表は，九九の表を拡大した1×1から，99×99までの数表に変わるのです！

　したがって，ちょうど1個しかない数は，100から200までの数の中には，（素数の平方数）＋1の数，すなわち，11×11＋1＝122と13×13＋1＝170の2個しかないことがわかるのです。「すべてのマスから1をひく」というひらめきが問題を解くカギになっています。

3 階段パズル①（2年／式の計算）

❶問題

次のルールでマス目に数字を入れてみよう。数字はすべて右詰めで書く。①1番上に8を書く。②2段目にその2倍を書く。③3段目にその2倍を書く。これを続ける。④左からたてにたしてみよう。

この階段を（8，2）と書くことにします。

8								
1	6							
	3	2						
		6	4					
		1	2	8				
			2	5	6			
				5	1	2		
				1	0	2	4	

・・・・・・・・・

| 9 | 9 | 9 | 9 | 9 | 7 | 4 | 4 | … |

このとき，たし合わせた数で，同じ数字はいくつ並ぶだろうか。

❷答え

（8，2）の階段のとき，左から9がずっと並ぶ。

❸授業で扱うポイント

この計算は，数を2倍して下に書いているのですが，実は，小数点を考えれば，すべての数を下に0.2倍している計算になっています。授業で扱う際には，なぜこのように9が続いていくのか，ということを議論しながら進めましょう。この数は，最終的に0.9999…という数なので，1という数に近付いていることがわかります。

この問題をベースにして，次の問題を考えていきます。

4　階段パズル②（2年／式の計算）

❶問題

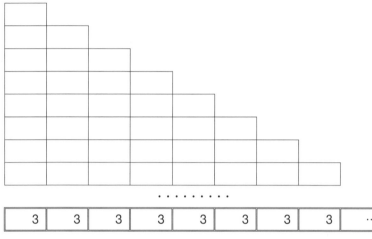

3と同様のルールでマス目に数字を入れてみよう。数字はすべて右詰めで書きます。

このとき，たし合わせた数で3が並ぶような階段はどうなるだろうか。

❷答え

（2，4）の階段のとき，左から3がずっと並ぶ。

❸授業で扱うポイント

先ほどの問題の逆思考です。99999…となる階段は，（7，3）など，たすと10になる数の組合せのときに出てくることがわかります。なぜ2つの数をたして10のときに99999…となるのかを議論させて，（4，4）で66666，（2，4）で33333，となることを実験しながら確認して答えに導けます。実は，循環小数の考え方がここに隠れていて，数の世界の不思議に触れられる問題なのです。

（三井田裕樹）

授業で使える

中学校数学 パズル・ゲーム大全

図形

塗り分けパズル

1 天体ショー（1年／平面図形）

❶問題

規則　①点線上に線を引き，盤面をいくつかのブロックに分割します。
　　　　各ブロックには1つずつの小さい星（○か●）が入ります。
　　　②すべてのブロックは星を中心とした点対称の図形になります。
　　　③●のブロックは灰色に塗りつぶします。
　　1，2はどんな図柄が現れるでしょう。

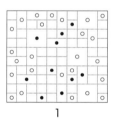
1

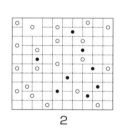
2

点対称な図形の例

点対称でない図形の例

←（星が図形の中心にきていない）

　「天体ショー」というパズルは，21世紀に入ってからパズルの専門誌で生まれた，まだ歴史の浅いパズルです。そのため，まだ知名度は高くありませんが，その名の通り点対称な図形を扱うことと，解き終わりに（盤面を天空，対称の中心を星に見立てて）絵柄が現れることで，秀逸な名称と合わせておもしろさは抜群です。

❷答え

　1　チューリップ，2　明（解答の図は割愛）

❸授業で扱うポイント

　では，はじめてこのパズルを見る方のために，解き方のコツを説明します。(1)まず，境界線が明らかな箇所に線を引きます。(2)次に，すでに引いた線と，星に関して点対称の位置に線を引きます。(3)残ったマスがどの星に関するブロックに含まれるかを考えながら，すべてのマスを点対称なブロックに分割していきます。

[例題]

　右の例題で具体的に説明します。［途中図１］は，(1)(2)の処理が済んだところです。ここで，①のマスは真下の●のブロックと右の○のブロックのどちらに含まれるか，このままではわかりませんが，［途中図２］の②が真上の●のブロックに含まれることから，③も同じブロックに含まれるため，①右の○のブロックは１マスだけからなることになり，①のマスは真下の●のブロックに含まれると決定できます。同様に考えて，④，⑤のマスもそれぞれ真下の○のブロックに含まれることがわかるので，［解答１］のようにすべてのマスが点対称なブロックに分けられます。そして，ブロック分けが終了した後，●を点対称の中心としたブロックのみを塗れば，図柄（［解答２］，カタカナの「サ」の字）が現れます。

[途中図１]

[途中図２]

[解答１]

[解答２]「サ」の字

　点対称な図形を生徒は意外に捉えにくいものですが，このパズルは点対称な図形の感覚を養うのに最適と言えるでしょう。また，パズルを解く際に，条件がはっきりしてわかりやすい箇所から処理することや，山カンではなく理詰めで線を引いていくところなども，論理的に試行する力を養い，数学の授業で扱うパズルとしてふさわしいと言えるのではないでしょうか。

〈参考文献〉
・『ペンシルパズル本　天体ショー１，２』（ニコリ）
・『パズル通信ニコリ別冊　オモロパズル大全集』（ニコリ）

（中原　克芳）

授業で使える
中学校数学
パズル・ゲーム大全

図形

コインパズル

1 コインパズル（1年／平面図形）

❶問題

図1では，コインAとコインBは同じ大きさで，図2では，コインBはコインAの2倍の直径です。コインAがコインBの周りを滑ることなく1周するとき，コインAは何回転するか求めよう。

図1

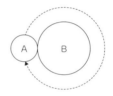

図2

❷答え

右の図で，点R，P，Q，Sは円上の点で，一直線上にあるとします。円A，Bは同じ大きさだから，半円周RP＝半円周PQとなり，点Qの位置に円Aがきたときには，点Qと点Rは一致します。つまり，図のように円Aは1回転した状態です。

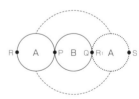

同様に，半円周SR_1＝半円周QPより，点Pの位置に円Aが戻ったときには，点Sは点Pと一致し，円Aはもう1回転します。

よって，図1で円Aが円Bの周りを1周するとき，円Aは2回転します。

右の図で，点 R，P，Q，S は一直線上にあるとし，点 P，T，Q，U は円 B の周の 4 等分点とします。図 1 の場合と同様，半円周 RP ＝弧 PT より，点 T と点 R_1 は一致します。つまり，この時点で円 A は $\frac{3}{4}$ 回転します。

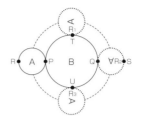

以後，同様に，点 S と点 R_2 が一致し，点 U と点 R_3 が一致するなど，それぞれ円 A は $\frac{3}{4}$ 回転します。

よって，図 2 で円 A が円 B の周りを 1 周するとき，円 A は $\frac{3}{4}$ 回転 × 4 ＝ 3 回転します。

❸ 授業で扱うポイント

この問題は，円 B が円 A の直径の x 倍として，一般化して考えることができます。

上の図のように，円 B を直線状に伸ばして線分 P_1P_2 上で円 A を回転させると，当然，円 A は x 回転します。この線分 P_1P_2 の両端をつないで円にすることで，円 A はもう 1 回転することになり，円 A が円 B の周りを 1 周するとき，円 A は $x＋1$ 回転します。

図 1，2 の問題の解答をした後に，より深めるために，この解説を加えるとよいでしょう。

（松浦　敏之）

授業で使える
中学校数学
パズル・ゲーム大全 図形

一刀切り

1 一刀切りとは？（1年／平面図形）

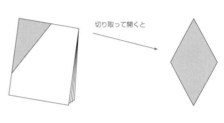

切り取って開くと

　1枚の紙を一度折り，折り目に交わるようにまっすぐはさみを端まで入れて広げます。すると，線対称な図形になります。「折る」ということは，鏡映する，つまり線対称をつくり出すということです。ですから，ひし形のような対称軸が2本の図形は，紙を2回折って一度切るとできることになります。このように，紙を折って（何回でもよい），それをはさみで向きを変えずに，まっすぐに1回だけ切ることを「一刀切り」と言います（元の紙の形は問いません）。

　では，次の図形を一刀切りでつくってみましょう。

　⑴三角形　　　⑵四角形

　さて，問題⑴です。授業ではまず，二等辺三角形を切らせます。紙を何枚も渡して試行錯誤させますが，生徒はかなり悩みます。最初から二等辺三角形を紙に印刷しておく方が，イメージしやすいでしょう。

　なかなかできないようであれば，たこ形を切らせます。たこ形も対称軸が2本なのですが，結構難しいです。でも，この形ができると二等辺三角形も切れます。実は，二等辺三角形はたこ形の1つの角が180°になったものと考

えられます。そして切り図を見ると，折り目が線対称の軸になっていることが実感できます。さらに，その折り目がそれぞれ3つの角の二等分線になっていることがわかるでしょう。

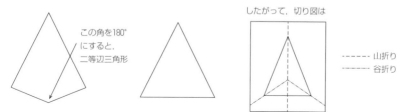

では，一般の三角形はどうでしょうか。二等辺三角形のように線対称ではないので，かなり難問ですが，やはり3つの角の二等分線を折り目にすればよいのです（と言っても，慣れないとそのように折るのもひと苦労なのですが）。実は，折り目の交点Pは，三角形の内心です。教科書では扱いませんが，一刀切りでは重要な点です。

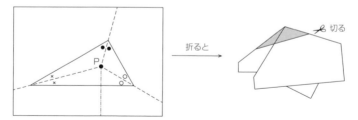

次に，問題(2)。これもまず平行四辺形を切らせます。この図形は点対称なので難問です。しかし，点対称な多角形も部分的には線対称があります。平行四辺形の中で，対辺の長さが等しいものがひし形ですから，最初に紙を次ページの図のように折ってからひし形をつくる要領で切り，広げて平行四辺形，という方法もありますが，もちろん上の三角形の方法を発展させればできます。ここまでできる生徒はなかなかいないのですが，「自分で考えて，自分で手を動かしてみる」ということが，図形の学習ではとても大切です。多少時間をかけてでもやってみると，生徒も熱中するし，知らず知らずのうちに図形的センスも身に付くのではないでしょうか。一般の四角形の切り図

には，三角形の内心の他，傍心も登場します（点Qは△AEDの内心，点Pは△BECの傍心）。三角形の深く不思議な世界が広がっているわけです。

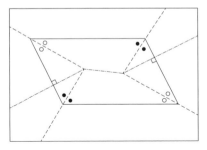
平行四辺形の切り図

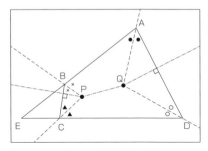
一般の四角形の切り図

2 いろいろな形を切りだそう（1年／平面図形）

> 一刀切りで0〜9の数字やアルファベットをつくってみよう。

一般的な多角形だけに限らず，凸多角形など直線で囲まれたすべての平面図形は一刀切り可能です。これは，数学者のエリック・ディメイン（Erik Demaine）によって証明されています。

そこで，数字を切ってみようという問題です。字体にもよりますが，例えば2は右図のようになります。点対称図形なので難しいですが，2回対称移動すると回転移動になる（ただし，2本の軸は平行ではない）のがポイントです。これができれば他の数字やアルファベットもつくれます。

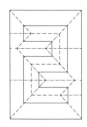

3 一刀切りの可能性

以上見てきた以外にも，一刀切りの可能性を探ってみましょう。私は，この一刀切りによって裁ち合わせをするのもおもしろいのでは，と思っています。例えば，次のような問題はどうでしょうか。

縦が25cm，横が16cmの長方形の紙を一刀切りによって2つの片に切り分け，正方形に裁ち合わせなさい。

これは日本に江戸時代からある問題ですが，一刀切りは下の左の図のような切り方になります。それを裁ち合わせると右の正方形になります。

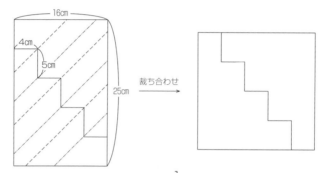

トリッキーな問題としては，正方形の $\frac{1}{9}$ の角がない紙を裁ち合わせて正方形にするというのもあります。ピタゴラスの定理にも応用可能です。

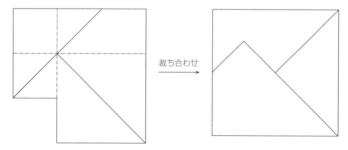

なお，ディメインのHP（http://erikdemaine.org/foldcut/examples/）にはきれいな鳥や蝶の切り図の他，興味深いタングラムの切り図（今までの一刀切りを拡大解釈したもの）がサンプルとして掲載されています。

〈参考文献〉
・秋山久義『絵と形のパズル読本』（新紀元社）

（髙岡　聰）

授業で使える

中学校数学
パズル・ゲーム大全

図形

シルエットパズル

1　清少納言知恵の板（1年／平面図形）

❶問題

清少納言知恵の板（図1）を使って次のシルエットを完成させなさい。

図1

ネコ

鍋敷き

地球儀

数字のゼロ

高い木

❷答え（例）

068

❸授業で扱うポイント

　清少納言知恵の板の切り出し方は図2の通りです。正方形を基にして中点を結び，実線を切り取るとできます。シルエットパズルを授業で扱うときに指導しておきたいのが，パーツが残らないようにすべて使うことと，表裏は自由に使うことができることの2点です。慣れてくると新しい形（シルエット）をつくって，それを他の人がつくれるかどうか問題を出すようなこともできます。

図2

　このパズルにはいろいろな作例がありますが，授業では，点対称や線対称になる図形の分類や対称の軸が何本あるかなどで扱うとよいでしょう。

2　清少納言知恵の板の部分的利用（1年／平面図形）
❶問題

　清少納言知恵の板の7つのパーツのうち，右の3つのパーツ（三角形大小各1つと台形を1つ）を取り出し，以下の指示にしたがって，順に図形をつくりなさい。ただし，例に示す図と，向きや上下が違っていたり，回転させたりしたものであってもよいとします。

①3つを使って長方形をつくる
②パーツを1つだけ動かして，平行四辺形
③パーツを1つだけ動かして，台形
④パーツを1つだけ動かして，台形
⑤パーツを1つだけ動かして，五角形
⑥パーツを1つだけ動かして，六角形
⑦パーツを1つだけ動かして，もとの四角形（もとに戻る）

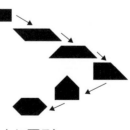

❷答え（例）

①→②は，色をつけたパーツを動かします。他にも動かし方はあります。

③→④は，③の台形は他にもつくり方がありますが，④の台形にできないパターンがあるので，ここは例にある答えに合わせておくとよいでしょう。

❸授業で扱うポイント

たった3つのパーツでつくる図形なので簡単なはず。しかし，③→④へは，本来できる形を回転させたものを提示しているため，「本当にできるの？」という声を耳にすることがあります。1つのパーツを動かすだけなのに，発見に少々手間取ることがあり，これはちょっとした感覚のずれで，見え方が変わってくるよい例です。このような経験をしておくと，この後に学ぶ図形の見方に広がりが出ます。斜め（回転）を意識させるよい教材です。

3 ユークリッドパズル（3年／相似な図形，三平方の定理）

❶問題

ユークリッドパズル（図3）の一番小さい三角形と同じ形で大きさの違う図形をつくりなさい。また，一番小さい三角形の面積を1としたとき，できた図形の面積を求めなさい。

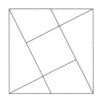

図3

この問題は，本来のシルエットパズルとは違う出題方法です。違う色のユークリッドパズルを，班（4人班であれば4色のパズル）で協力して，大きな図形をつくるとよいでしょう。

❷答え

①の面積を1とした場合のそれぞれの面積
②→4，③→5，④→9，
⑤→16，⑥→20

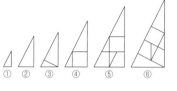

図4

❸授業で扱うポイント

ユークリッドパズルは，図5のように，正方形の各辺の中点を結び，実線で切り取ったものです。

相似の導入で使う場合には，でき上がった図形のすべての角の大きさは変わらないことを確かめた後に，辺の長さと面積の関係を調べるようにします。

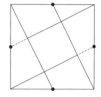

図5

図4の辺と面積の関係は，②は辺の長さがすべて2倍で面積が4，④は辺の長さがすべて3倍で面積が9，⑤は辺の長さがすべて4倍で面積が16になります。③にすぐに気付く生徒はごく少数です。ヒントを出さないと見逃してしまいそうな相似形です。面積が5になるのはわかりますが，辺の長さはこの時点では判断できません。三平方の定理を学習した後に再登場させれば，すべてがすっきりと解決します。また，⑥は③の面積の4倍なので，辺の長さは2倍（$2\sqrt{5}$）になるのもおもしろいところです。

また，このユークリッドパズルは「すべてのパーツを使って1つの正方形をつくる」と「すべてのパーツを使って大きさの違う2つの正方形をつくる」という基本的な遊びがあります。それぞれつくったものを図6のような位置に置けば，三平方の定理の1つの例を示すことができます。

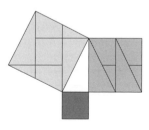

図6

（伊地知　純）

授業で使える

中学校数学
パズル・ゲーム大全

図形

多角形のしきつめ

1 三角形のしきつめ（2年／平行と合同）

❶問題

合同な二等辺三角形がたくさんあります。平面をしきつめることはできますか。

❷答え

しきつめることはできる。

❸授業で扱うポイント

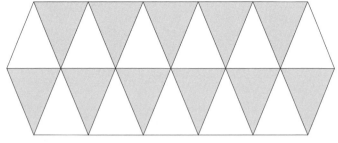

たくさんある合同な二等辺三角形を，上の図のようにしきつめることができます。図形センスを身に付けさせるだけではなく，なぜしきつめることができるのかを考えさせます。

下：左の図のように，二等辺三角形の3つの角の大きさをア・イ・ウとします。底角イ＝ウとなる。これを基に，下：右の図について考えます。

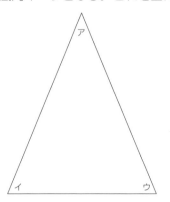 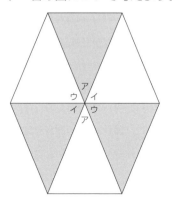

三角形の内角の和は180°なので，ア＋イ＋ウ＝180°

よって，（ア＋イ＋ウ）×2＝360°

しきつめることの条件は，360°をつくることができることがポイントであることに気付きます。

では，下：左の図のような合同の関係にある一般的な三角形がたくさんあるとします。それもしきつめることができるのでしょうか。二等辺三角形の考え方を基にしきつめてみます。

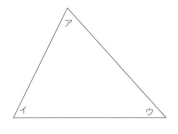 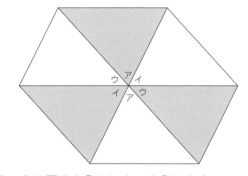

一般的な三角形であっても，上：右の図のようにしきつめられます。
一般的な三角形に関しても内角の和は180°なので，ア＋イ＋ウ＝180°
よって，（ア＋イ＋ウ）×2＝360°となるからです。

2　四角形以上のしきつめ（2年／平行と合同）

❶問題

> 合同な四角形がたくさんあります。平面をしきつめられますか。

❷答え

　しきつめることはできる。

❸授業で扱うポイント

　正方形・長方形・ひし形・平行四辺形…と美しい四角形から順にしきつめていきます。例えば，ひし形であれば以下の通りです。

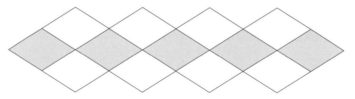

　ここまでは容易に見当がつきますが，台形や一般的な四角形では…？
　しきつめることはできるのではないか，できないのではないかと意見が分かれるところですが，前の三角形のしきつめの学習で下地ができているので，生徒たちは四角形でもその方法で試そうとします。

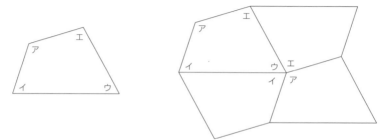

　結果，一般的な四角形であっても，上の図のようにしきつめることができ

ます。一般的な四角形に関しても内角の和は360°なので，ア＋イ＋ウ＋エ＝360°となるからです。

　ここで，新たな疑問がわいてきます。
　合同の関係にある三角形・四角形はしきつめることができる。では，五角形以降の多角形の場合はどうなるのか？
　正五角形の1つの角の大きさは，180°×（5－2）÷5＝108°
　108°×3＝324°
　108°×4＝432°
　つまり，360°をつくることができないので，しきつめられません。
　では，正六角形はどうか。
　正六角形の1つの角の大きさは，180°×（6－2）÷6＝120°
　120°×3＝360°
　360°をつくることができるので，しきつめることはできます。
　五角形以降は，360°をつくることができるものもあれば，できないものもあることに気付きます。

　どの正多角形とどの正多角形を組み合わせればしきつめることができるのかをテーマにしてもおもしろいでしょう。
　例えば，合同な正三角形と正方形を組み合わせた場合に，しきつめることはできるのか。
　60°×3＋90°×2＝360°となるのでしきつめることができます。
　正方形と正六角形は？　正方形と正八角形は？
　いろいろと試すことによって図形センスや思考力が養われます。

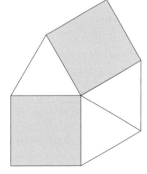

（伊藤　邦人）

授業で使える

中学校数学
パズル・ゲーム大全

図形

最短距離問題

1 水汲み問題（1年／平面図形）

❶問題

> 　ハイジは，家のある地点 A から出発して川で水を汲み，地点 B の家に住むアルムおじいさんに水を届けます。
> 　水を汲む地点を P とするとき，AP＋BP が最短になる P の位置は，直線 ℓ 上のどこになるでしょう。

❷答え

（解法1）ℓを対称の軸として，点 B と対称な点 B' をとる。点 A と B' を結ぶ線分と直線 ℓ との交点 P が求める点である。

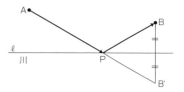

解法1

（解法2）点 A，B から直線 ℓ へ引いた垂線の足をそれぞれ点 C，D とする。点 A と D，点 B と C をそれぞれ結び，その交点を E とする。点 E から直線 ℓ へ引いた垂線の足が求める点 P である。

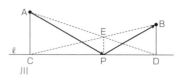

解法2

（解法3）点Bから直線ℓに引いた垂線の足を点Cとする。CB∥AD，CB＝ADとなる点Dをとる。点Aを通り，CDに平行な直線を引く。その直線と直線ℓとの交点Pが求める点である。

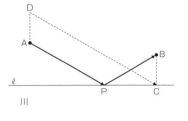

解法3

❸授業で扱うポイント

　水を汲む地点がどの辺りになるのか検討をつけて，定規で測定させます。試行錯誤しながらAP＋PBの長さを測定してみると，僅差であるため，判断に迷います。

　生徒の多くは，「およそこの辺り」と大ざっぱな地点を示せばいいような気持ちになります。けれども，何kmも離れた場所なら，わずかな差が大きな違いとなることを確認し，正確な地点を特定する必要性が感じられるように指導します。

　なお，解法を思い浮かばない生徒に対しては，動画ソフトを利用してℓ上の任意の地点に動点Pをとり，動かして見せながらAP＋BPの長さを示してみることは有効な支援の1つです。最短が示された映像（図）を参考に，Pがどのように決定されるのかを考えさせます。
①作図する
②作図法を説明する
③解が求められる理由を説明する
の3つの数学的活動を協同的に行うことがポイントです。

　1年では，説明を記述することを求めるよりも，口頭で説明し合うことを楽しめるように指導します。そして，解法1を押さえたうえで，解法2，3など生徒の多様な解法が正しい理由を追究する楽しさを大切にします。

2 橋架け問題（1年／平面図形）

❶問題

ペーターの家がある地点Cから出発して川の向こうにある地点Bのクララの家まで行くための丸太橋を架けたいと考えています。なお，両岸X，Yは平行であり，橋は岸に垂直に架けるものとします。

このとき，どこに橋を架ければ，ペーターはクララの家まで最短距離で行くことができるでしょうか。

❷答え

（解法1）点Cを通る直線X，Yの垂線を引き，その交点をD，D'とする。CD＝C'D'となる点C'を垂線上にとる。水汲み問題と同様にして交点Pを定める。点Pを通る直線Xの垂線と直線Yとの交点がQである。P，Qが求める点である。

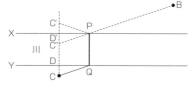

解法1

（解法2）点Cを通る直線Xの垂線を引き，その上にCC'が川幅aと等しくなるようにC'をとる。BC'と直線Xとの交点をPとする。点Pを通る直線Xの垂線と直線Yとの交点がQである。P，Qが求める点である。

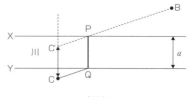

解法2

❸授業で扱うポイント

　水汲み問題の応用問題として提示し，水汲み問題とこの問題の相違点を考察させます。2点間の最短距離を求める問いであることは同じです。橋があることが水汲み問題と異なる点です。もし橋がなければほぼ同じ問題です。紙を折って直線Xと直線Yを重ねる操作や，簡潔で合理的な解法2の背景には，「条件を変える」思考のよさがあることに気付かせることが大切です。

　ところで，最初の水汲み問題は，水を汲む設定が不自然です。問題設定を受け入れやすいのは橋架け問題のようです。

3　価値判断の伴う井戸掘り問題（1年／平面図形）
❶問題

> 　A，B，Cの3人が使う井戸を1か所掘りたいと考えています。右の点がそれぞれの家とすると，どこに井戸を掘ればよいでしょう。ただし，Aは1人暮らしの丈夫な80歳女性，Bは2人の幼児を抱える病弱の30歳男性，Cは中学校に通う1人暮らしの13歳女性です。

❷授業で扱うポイント

　3点A，B，Cを通る円の中心が平等な距離ということになります。しかし，3人の状況を考慮した様々な反応が出ることも予想されます。例えば，その中の1つとして，「水汲み人を雇ってAP＋BP＋CPを最小にするような井戸の地点P（フェルマー点）を考える」というアイデアが出てくるかもしれません。このような価値判断の伴う数学の問題を扱い，議論することにも学びの価値があると考えます。

（神原　一之）

授業で使える

中学校数学 パズル・ゲーム大全

図形

裁ち合わせ

1　正方形から長方形へ（1年／平面図形など）

❶問題

下の図のように，2×2，3×3，4×4の正方形があります。それぞれの左上と右下の端の直角二等辺三角形を切り取りました。その結果，面積はそれぞれ3，8，15になります。

これを，1本のひとつながりの線（直線，曲線，折れ線など何でもよい）によって2つの部分に切り分け，その2つを合わせて，それぞれ1×3，2×4，3×5の長方形にしてください。

① 　② 　③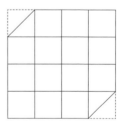

❷答え

①は，真横に一直線に切って，上段の部分を下段の右側にもってくれば，1×3の長方形となります。

②は，下：左の図の太線A－B－C－DのようにZ（ゼット）状に切

って，一段下の右側にずらせば，2×4の長方形となります。

③は，下：右の図の太線 A－B－C－D－E－F のように二重のZ（ゼット）状に切って，一段下の右側にずらせば，3×5の長方形となります。

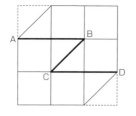
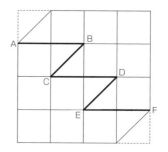

❸授業で扱うポイント

　図形の裁ち合わせに関係した教材を扱うときのトピックスとして使用すれば，生徒の興味を引くと思われます。この問題は，江戸時代の和算書『和国智恵較(わこくちえくらべ)』で紹介された問題を改作したものです。筆者所蔵の『和国智恵較』には右のような挿絵が描かれていますが，江戸の庶民が楽しそうに問題に取り組んでいる様子が生き生きと描かれています。

　なお，上記の問題では4×4の正方形までしか紹介していませんが，5×5，6×6，…の場合の解法も同様です。

筆者所蔵の『和国智恵較』より

〈参考文献〉
・環中仙著『和国智恵較』（享保12年）［この中の数学遊戯問題を改作した］

2 長方形から正方形へ（3年／三平方の定理）

❶問題

① 図のように，短辺1，長辺2の長方形があります。これを裁ち合わせて，面積2の正方形をつくってください。

② 図のように，短辺1，長辺3の長方形があります。これを裁ち合わせて，面積3の正方形をつくってください。

❷答え

①は簡単ですから省略します。
②の裁ち合わせ方を右の図で説明しましょう。

(1) 長辺を2等分する線分 AB を引きます。
(2) 長方形 ADEB を2等分する線分 MN を引きます。
(3) EF = 1 となるように線分 EH を引きます。
(4) 線分 EH に垂直に線分 FG を立てます。
(5) 線分 GD と等しい長さに線分 BC をとります。
(6) こうして，5個のピース㋐〜㋪ができますから，これらを並べると，次ページのように正方形（1辺が $\sqrt{3}$）ができます。

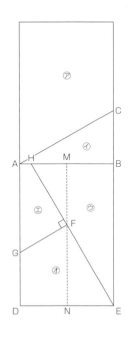

082

❸授業で扱うポイント

この問題は和算書『勘者御伽双紙』に掲載されていて，三平方の定理の発展問題として扱うことが適切な問題です。

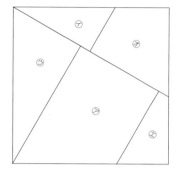

裁ち合わせ方を発見させることは難しいでしょうから，少し考えさせてから，教師の方から裁ち合わせ方を知らせることになると思われます。

裁ち合わせ方を知らせた後，5個のピースを用いて，試行錯誤しながら正方形をつくらせるようにします。そして，正方形をつくらせた後，この正方形の面積が3であることから，1辺の長さが確かに$\sqrt{3}$であることを計算によって確認するようにします。

図からわかるように，㋒の斜辺 EH が縦の長さ，㋑の斜辺 AC と㋓の一部 FG の和が横の長さと考えて，計算してみます。

$NE = \frac{1}{2}$，$EF = 1$ より，△FEN は，$1:2:\sqrt{3}$ の直角三角形であり，△FHM は，△FEN と相似です。また，FH の延長と GA の延長の交点を K とすれば，$FK = 1$，$KG = \frac{2\sqrt{3}}{3}$，$GF = \frac{\sqrt{3}}{3}$ となります。

これらのことから，$EH = AC + FG = \sqrt{3}$ となりますから，裁ち合わせてつくった正方形の1辺は$\sqrt{3}$であることが確かめられます。

なお，『勘者御伽双紙』では，短辺が1で，長辺が4，5，…，10の場合までの解法が紹介されていますから，興味ある生徒に紹介するとよいでしょう。

〈参考文献〉
・中根彦循『勘者御伽双紙』(寛保3年)

3 面積が変わる!?（1年／平面図形など）

❶問題

　下：左の図のように，1辺が21の正方形があります。面積は441です。

　この正方形を直線で4個のピースに切り分け，下：右の図のように長方形に並べ替えます。

　この長方形の面積は，13×34＝442となります。

　あれ！　1増えましたね！　なぜ面積が増えるのでしょうか？

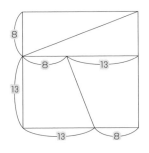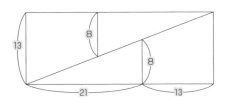

❷答え

　並べ替えた後の，長方形の対角線に注目してください。対角線が一直線になっているように見えますが，本当に一直線になっているでしょうか。それを調べるには，対角線の傾きを計算すればよいでしょう。

　まず，底辺21・高さ8の斜辺（対角線の一部）の傾きは，8÷21≒0.3809となります。また，その続きの対角線（の一部）は，底辺13・高さ5（13－8）ですから，傾きは5÷13≒0.3846です。

　つまり，傾きが等しくないので，長方形の対角線は一直線になってはいないのです。

もう少し詳しく調べましょう。2つの傾きを比べると，0.3846＞0.3809となりますから，対角線の箇所を少し大袈裟に拡大してかけ

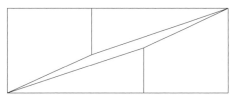

ば，右の図のようになっていて，極めて細長い平行四辺形の隙間ができているのです。そして，その面積が1なのです。それで面積が1増えたわけです。

❸授業で扱うポイント

　この問題は，有名なフィボナッチ（1170年～1240年ごろ）の著書『算盤の書』（Liber Abaci）の第12章に掲載されている「兎の問題」から導き出されるフィボナッチ数列を応用したパズルで「フィボナッチ・パズル」とでも呼べるでしょう。フィボナッチ数列は，1，1，2，3，5，8，13，21，…ですが，このうちの「8，13，21」が使用されています。

　特定の教材の授業で扱うというよりは，図形の裁ち合わせや面積に関する教材に関連させてトピックス的に扱うことになるでしょう。

　実際に扱うときには，21㎝×21㎝の正方形の紙を用意して，冒頭の問題にあるように4個のピースに切り分けて並べ替えるという作業を行わせることが大切です。図を見せただけでは真実味が出てきません。実際に作業させることが重要なポイントです。

　なお，冒頭の問題では，正方形の各部分の長さに8と13が使用されていましたが，「8を5に」，「13を8に」置き換えた場合，正方形の面積は13×13＝169となり，並べ替えた長方形の面積は8×21＝168となって，今度は面積が1減ります。この場合には，フィボナッチ数列のうちの「5，8，13」が使用されています。このように，順々に1が増減します。

〈参考文献〉
・上垣渉，何森仁『数と図形の歴史70話』（日本評論社）

（上垣　渉）

授業で使える

中学校数学 パズル・ゲーム大全

図形

正方形づくり

1 正方形をつくろう（3年／三平方の定理）

❶問題

1目盛りが1cmの方眼を利用して，正方形をつくります。面積が1cm²から50cm²のうちで，つくることができる正方形は何個ありますか。また，どのようなときに正方形をつくることができるのか考えてみましょう。

❷答え

24個。また，面積の値が2つの平方数の和で表せるときに正方形がつくれます。紙面の都合上，面積1cm²から10cm²のうちで，つくれる正方形を以下に示します。

❸授業で扱うポイント

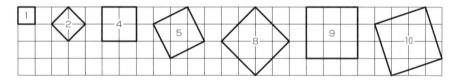

　課題把握を目的として，まず，1cm²から5cm²までの正方形に限定して個人追究の時間を取り，その後生徒とのやり取りを通して，どの正方形ができるか確認をします。1cm²，2cm²，4cm²の正方形はすぐに見つかるものの，5cm²の正方形は少し時間をかけないと見つからない場合もあります。5cm²の正方形の求め方については，外側の大きな正方形から4つの直角三角形をひく発想と，真ん中にできた小さな正方形に4つの直角三角形をたす発想の

2通りが出てくるため，それらを丁寧に取り上げておくことも重要です。

　課題把握の後，グループで問題に取り組みます。グループにして取り組ませると，グループ内で気軽に質問をし合う，分担して取り組むなどの効果が期待できます。どのグループが早く正確に数えられるか競争しよう，などとゲーム性をもたせることも有効です。一方，正方形をつくることだけに夢中になっている場合も考えられ，どのようなときに正方形をつくることができるのか，という問題についても注意を喚起することが重要です。

　1㎠，4㎠などの正方形の場合，$1=1^2$，$4=2^2$と平方数で表せます。また，2㎠，5㎠などの正方形の場合，正方形の1辺を斜辺にもつ直角三角形に着目することで，$2=1^2+1^2$，$5=1^2+2^2$と直角三角形のたてと横の平方数の和で表せることに気が付けます。面積を平方数の和で表す発想が出てこない場合は，授業の導入で5㎠の正方形の面積を求めた際に利用した直角三角形に再度着目させることなどの方法が考えられます。さらに，1㎠，4㎠などの正方形も，0を含めて考えると，$1=1^2+0^2$，$4=2^2+0^2$のように2つの平方数の和で表せます。

表1　1㎠から50㎠のうちで，つくることのできる正方形（24個）

1=1+0	2=1+1	③=	4=4+0
5=4+1	⑥=	⑦=	8=4+4
9=9+0	10=9+1	⑪=	⑫=
13=9+4	⑭=	15=	16=16+0
17=16+1	18=9+9	⑲=	20=16+4
㉑=	㉒=	㉓=	㉔=
25=25+0=9+16	26=25+1	㉗=	㉘=
29=25+4	30=	㉛=	32=16+16
㉝=	34=25+9	㉟=	36=36+0
37=36+1	㊳=	㊵=	40=36+4
41=25+16	㊷=	㊸=	㊹=
45=36+9	㊻=	㊼=	㊽=
49=49+0	50=25+25=49+1		

※□で囲まれたものは，今回つくることができなかった正方形に該当する。

2 正方形を組み合わせよう（3年／三平方の定理）

❶問題

前項の「正方形をつくろう！」では，例えば，3㎠の正方形をつくることはできませんでした。そこで，「正方形をつくろう！」でつくった1㎠と5㎠の正方形を組み合わせて，以下のような手順で3㎠の正方形をつくることを考えます。

（手順1） 1㎠の正方形を切り取り，5㎠の正方形の対角線上に4つの頂点が重なるように置く（右の図）。

（手順2） 1㎠の正方形の各頂点から5㎠の正方形の4辺に向かって図のように4本の垂線を引き，その交点を結んで正方形（色のついた部分）をつくる。

（手順3） 色のついた部分の正方形の面積を求めると，3㎠の正方形となる。

上の手順を参考に，「正方形をつくろう！」でつくった正方形を2つ組み合わせ，1㎠から25㎠までの正方形のうち，「正方形をつくろう！」ではつくれなかった6㎠，7㎠，11㎠などの正方形をつくることに挑戦しましょう。

❷答え

組み合わせる2つの正方形の面積の平均で新しい正方形がつくれます。

❸授業展開例

問題に記された3㎠の正方形をつくる手順を確認します。前項でつくった正方形を切り取って組み合わせるというパズル的要素をもたせているため，意欲的に取り組めます。一方，手順1，2の発想が生徒から自発的に出てくることは稀であるため，その部分は教師が示し，手順3は十分に考える時間を取るなど，生徒が少しでも主体的になれるような工夫も必要です。

グループにして6㎠，7㎠，11㎠…の正方形を順に考えさせます。一定の時間を取ると，6㎠の正方形であれば2㎠と10㎠の正方形の組み合わせ，あるいは4㎠と8㎠の正方形の組み合わせでつくれること，7㎠の正

方形であれば4㎠と10㎠の正方形の組み合わせ，あるいは5㎠と9㎠の正方形の組み合わせでつくれることなどを見つけます。このことから，生徒は2つの正方形の面積の平均で新しい正方形がつくれると予想します。

　上記の予想がどのようなときにも成り立つことを示すにはどうしたらよいかと発問することで，文字式で示すという発想が生徒から引き出せます。(1)問題の図で，1㎠の正方形を$S_小$，5㎠を$S_大$，3㎠を$S_中$と文字式で一般化して考えると，$S_中 = S_小 + (S_大 - S_小) \div 2 = (S_小 + S_大) \div 2 \cdots (*)$と表せ，上記の予想が常に成り立つことが確認できる。($*$)を利用すると，1㎠から25㎠の間の抜けていた部分をすべて埋めることができます（表2）。

表2　1㎠から25㎠のうち，「正方形をつくろう！」では作成できなかった正方形の作成例

③＝(1＋5)÷2	⑥＝(4＋8)÷2	⑦＝(4＋10)÷2	⑪＝(5＋17)÷2
⑫＝(4＋20)÷2	⑭＝(8＋20)÷2	⑮＝(5＋25)÷2	⑲＝(9＋29)÷2
㉑＝(2＋40)÷2	㉒＝(34＋10)÷2	㉓＝(9＋37)÷2	㉔＝(8＋40)÷2

　やや発展的ですが，26㎠以上の正方形もすべてつくれるかどうかを考えることもできます。前項の「正方形をつくろう！」でつくった正方形は，2つの平方数の和で表せるため，$S_小 = a^2 + b^2$，$S_大 = c^2 + d^2$（a, b, c, dは0以上の整数）とおけます。また，($*$)より，$S_中 = (a^2 + b^2 + c^2 + d^2) \div 2$と表せます。ラグランジュの4平方和定理により，任意の自然数は高々4つの平方数の和として表されるので，「正方形をつくろう！」で作成した2つの正方形を組み合わせれば，自然数を面積とするすべての正方形がつくれます。実際の授業では，26㎠以上の正方形もすべてつくれるかどうか，と謎を残して終わる展開，または，上記の定理の紹介まで行い，さらに学んでいったらわかるという見通しを与える展開などが考えられます。

〈引用・参考文献〉
・高木貞治『初等整数論講義　第2版』（共立出版）
・島智彦「格子点上に正方形を作る」『東京理科大学数学教育研究会　数学教育56(1)』
　2014，pp.109-116　　　　　　　　　　　　　　　　　　　　（島　智彦）

授業で使える

中学校数学 パズル・ゲーム大全

図形

一筆書き

1 線のつながり（1年／平面図形など）

次の形を，線のつながりぐあいによって分類してみよう。

A B C D E F G H I J K L M
N O P Q R S T U V W X Y Z
1 2 3 4 5 6 7 8 9 0

　一筆書きはシンプルなパズルゲームとして親しまれており，最近は携帯電話のアプリでも様々なパターンを楽しめるものが提供されています。一筆書きを数学の授業で取り扱うにあたり，これを単なる遊びで終わらせないようにするためには，図形の位相的な性質について考える必要があります。

　例えば上の問題では，AとRは位相的に同じ性質をもっている。したがってAが一筆書きできなければ，これと同じ位相的な性質をもつRも一筆書きできないと考えることができます。ここでは位相という概念は取り扱い方が難しいため，「線のつながりぐあい」と表現しました。この表現の仕方については，昭和50年代に使用された数学教育現代化の教科書で取り扱われていたことがあります。ベテランの先生の中には，ご自身が中学生のときに習ったことをご記憶の方もいらっしゃるのではないでしょうか。

　当時，現代化の目標は「事象を数理的にとらえ，論理的に考え，統合的，

発展的に考察し、処理する能力と態度を育成する」ことにありました。現行学習指導要領において、「思考力・判断力・表現力」の育成が重視されていることを考え合わせると、このような図形の位相的な取り扱いに無理はないであろうと考えました。分類する際には次のような表現を使うとよいでしょう。
①両端があり途中で枝分かれがない。
②1つの輪になっていて、端もなく枝分かれもない。
③3つの端があり、途中に枝分かれがある。
④1つの輪が含まれていて、1つの端がある。
⑤1つの輪が含まれていて、2つの端がある。
⑥2つの輪が接していて、端がない。

　線を切ったり、つなげたりはせず、伸び縮みさせたり、曲げたりする変形を行うことで、重ね合わせることができるものはどれか丁寧に考えさせます。

2　一筆書きできる図の見分け方（1年／平面図形など）

　線でできている図を、筆を紙面から離さないで、しかも、同じ線を二度以上通らないようにして書くことを、「一筆書き」といいます。
　次の図で一筆書きはできるでしょうか。

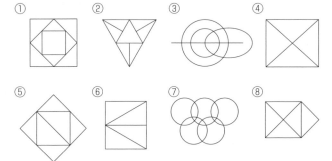

　ここでは、一筆書きができる図を取り上げ、次のような視点で、その特徴についてじっくり考えさせます。
ア　一筆書きができたとき、書き始めた点（始点）と、書き終えた点（終

点）はどこか。
イ　始点，終点に集まる線の数は何本あるか。
ウ　始点，終点以外の通過する点（途中の点）に集まる線の数は何本か。

　例えば，⑤，⑧の場合は，始点と終点は別の点で，それぞれの点には奇数本（5本，3本）の線が集まっています（このような点を奇数点とします）。これに対し，①，⑦の場合は，始点と終点は一致し，その点に集まる線の数は偶数本となっています（このような点を偶数点とします）。

　このようなことから，一筆書きできる図は，

(1)すべての点が偶数点であるとき

(2)2つの点だけが奇数点で，残りの点はすべて偶数点である場合

のどちらかの場合であることに気付かせます。なお，③の場合は端点があるので始点，終点は明らかですが，始点と終点を結ぶ線を書き加えれば，他の図と同じように端点のない図にすることができます。

答え　①③⑦は，偶数点のみなので一筆書きができる。
　　　⑤⑧は，奇数点が2つ，あとは偶数点なので一筆書きができる。
　　　②④⑥は，奇数点が3つ以上あるので一筆書きできない。

3　一筆書きの方法の探し方（1年／平面図形など）

　一筆書きの方法を探してみましょう。

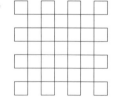

(1)始点と終点を決める。
(2)始点から終点に向かって色鉛筆でたどる。
(3)1回でたどれなかった線を別の色でたどる。
(4)最初からすべての色をたどって一筆書きを完成させる。

　ここでは一筆書きの方法の探し方を考えさせます。①を例にとって説明します。まず始点Aから終点Bに向かってとりあえず一筆書きします。この

とき，はじめからすべての線を通るようにかく必要はなく，例えば，まず A から B まで，実線のようにたどって一筆で書いたとします。点線の部分は，まだ「一筆」に含まれていませんが，点線の部分は P から出てまた P に戻ってくることがわかります。したがって，この場合の一筆書きは，A から始めて P のところに来たら，いったん点線の部分を回って P に戻り，残りの実線の部分をたどればよい（A→P→D→A→B→P→C→D→B）のです。もう少し面倒な図形の場合は，この点線や P のように，最初になぞった一筆書き線に戻ってくる線を探してます。その際，上の実線のように最初になぞった一筆書きの線を赤，その次に見つけた点線の部分を青というように色分けをしながら書いていくとわかりやすくなります。

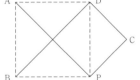

4 ケーニヒスベルクの橋渡り（1年／平面図形など）

昔，ドイツのケーニヒスベルクに，右のように7つの橋がかかっていました。
これらの7つの橋を2度通らずに，すべて渡って，もとの場所に帰ってくることはできるでしょうか。ただし，どこから出発してもかまいません。

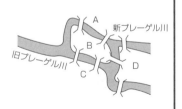

最後にこの有名な問題を全員に考えさせます。ポイントは A，B，C，D それぞれの地点を，面積をもたない点と考えることと，A～D それぞれを結ぶ橋を線と捉えることです。答えを与えずじっくり考えさせましょう。

答え　帰ってくることはできない。
　　　橋を辺，A，B，C，D を点として図をかくと，A，B，C，D すべての点が奇数点となり一筆書きできない。

（中村　公一）

授業で使える

中学校数学
パズル・ゲーム大全　　　　　図形

立方体パズル

1　立方体の展開図（1年／空間図形）

❶問題

> 　合同な6つの正方形の辺をつないでできる図形は，次の35種類あります（ヘクソミノと言います）。
> 　その中で立方体の展開図になっているものをすべてあげなさい。

❷答え

　6，15，16，17，18，19，20，23，24，25，27の11種類。

❸授業で扱うポイント

　立体を苦手とする生徒は想像以上に多いものです。そのような生徒に少しでも立体のおもしろさを知ってもらい，しかも苦手意識を減らすためには，実物を手に取ったり，つくったりすることが一番です。特に作業を伴う授業は楽しく，生徒にも強い印象を与えます。そこで，展開図から立方体を組み立てる体験が大切になります。そして，立方体の展開図を扱うのであれば，11種類すべての展開図を紹介したいものです。立方体の展開図を扱う授業の展開例としては，次のような方法などが考えられます。

①11種類すべての展開図を用意し，生徒に組み立てさせて立方体になることを確認させる

②展開図の候補を例示してその中から本当に展開図になるものを探させる

③何もヒントを与えない状態から生徒に立方体の展開図を探させる

全ヘクソミノ35種

　同じ大きさの正方形の辺をつないでできる図形をポリオミノ，特に正方形を6個つないだものをヘクソミノと言います。ヘクソミノは全部で35種類あり，その中に立方体のすべての展開図が含まれています。

　以下に全ヘクソミノ35種類を掲載します。この中で立方体の展開図になるものはどれでしょうか（いくつあるでしょうか）。

①は生徒が考える場面は少なくなりますが，ただでさえ授業時間が限られていて，空間図形ばかりに時間が割けない現状では，時間の節約になるこの方法も1つの案でしょう。生徒も作業は楽しんでくれます。③が実行できれば力は付くでしょうが，1人で11種類すべてを見つけることは時間もかかり，至難の業です。しかし，グループや学級全体で協力する授業を展開することは可能でしょう。

　今回紹介するのは，②の折衷案で，①よりも生徒が考えることができ，③よりも時間を節約できます。立方体の展開図は，11種類もあるのですから，候補は全ヘクソミノ35種類にして，それらから探してもらいます。別に方眼紙を用意すれば，自分の考えが正しいかどうかは，教師が答え合わせをしなくても，実際に組み立てればわかります。グループで作業させるのも楽しめます。教師は，生徒の作業を見ているだけでよいのです。

2　21世紀の数楽パズル―THE 立体（1年／空間図形）

❶問題

> 　右の立体（実物を見せる）を3方向（真上・正面・真横）から見ると，どのように見えるでしょうか。

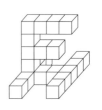

❷答え

　この図は，真横から見ると逆さのT，真上から見るとH，正面から見るとEの文字に見える。生徒に見せるときには，文字がわかりやすいように向きに気を付ける。

❸授業で扱うポイント

　教科書で扱われる立体の多くは，柱体・錐体・球などで，2方向から見る

だけでどんな立体か見当がつきます。ところが，現実に見かける立体は三次元の物なので，3方向から見てはじめて形状を把握できます。

　そのため，発展教材になりますが，3方向から見て違う形になる立体も教材に取り入れたいものです。しかし，教材を選ばないと，いたずらに複雑になってしまうでしょう。そこで，少し不思議な立体，今回紹介する「21世紀の数楽パズル―THE 立体」を見せて，生徒に関心をもたせてはどうでしょうか。

　授業では，投影図の授業の最後に，
「教科書では，2方向から見て形のわかる立体を扱ってきましたが，現実は三次元ですから，多くの物は3方向から見てはじめて，その形状が確認できます。それでは，この立体はどんな形に見えるでしょうか？」
と言って，前もって作製した「THE 立体」を3方向から見せます。すると生徒が「T，H，E」と答えるでしょうから，そこで，
「ということで，この立体は『THE 立体』という名前が付いています」
と締めくくります。難しく考えなくてよいので，生徒も楽しんでくれます。

❹作製方法と命名の由来

　立方体の積み木21個を用意して，右の図のように接着する（◎の箇所を貼り合わせて立体にする）だけです。

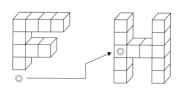

　命名は，3方向から見える文字と，この図形こそが立体と呼ぶにふさわしいと考えて名付けました。枕の「21世紀」は，あたかも今世紀を代表するようで，大げさに思えますが，使用する立方体の個数21個（21製木？）を覚えやすいように付けています。

　授業以外の場でも，人目に付くところに置いておけば，多くの方が不思議そうに見てくれます。そのとき先の説明をすれば，感心されること請け合いです。1つつくって机の上に置いておき，訪れる方を楽しませてください。

（中原　克芳）

授業で使える

中学校数学
パズル・ゲーム大全

図形

立体パズルアラカルト

1 立方体の変身（1年／空間図形）

❶問題

【立方体を分割し，三角柱に組み直そう！】

① 立方体から，図1の細線で示した立体を取り除く。この取り除いた立体の名称を答えなさい。

② 次に，①で残った立体から，図2の細線で示した四角錐を取り除く。これと同じ四角錐は，この四角錐を含めていくつ取り除くことができるか。

③ ①②の操作の後には，どのような立体がいくつ残るか。

④ ①で取り除いた立体1つ，②の立体4つ，③の立体4つから三角柱をつくりなさい。

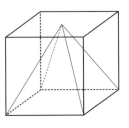

図1

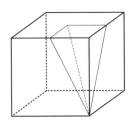

図2

❷答え

①正四角錐，②4つ，③図3に示した四面体が4つ残る，④例えば図4

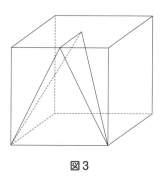
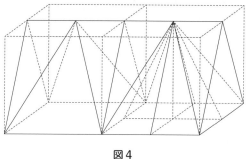

図3　　　　　　　　　図4

❸授業で扱うポイント

　多面体の分解合同に関しては，生徒に実物を手渡して考えさせる学習もあり得ますが，「実物模型と図表現とが直接結びつくのではなく，あくまでも空間的なイメージと論理が媒介役となって関連づく」という事実に鑑みれば，心的操作による解決を目指すというアプローチこそ重要でしょう。こうした立場からは，演示用の教具を1つ準備しておけば十分です。

　また，本課題は，立方体が変身するという見た目の意外性や達成感が味わえるだけでなく，その派生として，立体の体積について多様な考察ができる点でも有益です。

　最後に，発展課題を1つ提示します。それは，次のように立方体を分割した場合について，それらを組み直してどのような立体がつくれるか，というものです。分割した立体の種類と個数は増えるが，上述の課題を解決した後なら，様々な解を自力発見する生徒も一定数見込めるでしょう。

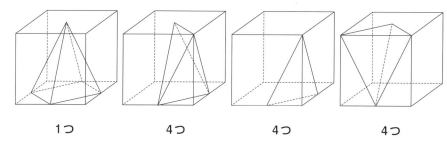

1つ　　　　4つ　　　　4つ　　　　4つ

2 見えない迷路（1年／空間図形）

❶問題

立方体の箱の各面に，右のような溝をつくった。向かい合う面同士には，同じ形の溝がある。

図のように，これらの溝に3方向から竹ひごを通して，3本のひごが直交する点Aを紐で固定する。

今，右の図において，点Aは立方体の奥側の左上隅

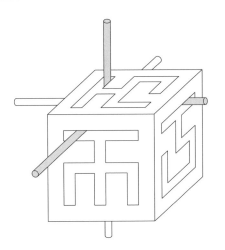

にある。この点Aを，竹ひごを溝に沿って操作することで，立方体の手前側の右下隅まで移動させなさい。

❷答え

解答の示し方は多種多様であり，そのこと自体が1つの学習となり得ますが，ここでは図1の通り，上段・中段・下段の3層に分割した解答例をあげておきます。

なお，図の中の⑤はスタート位置，⑥はゴール位置を示しています。

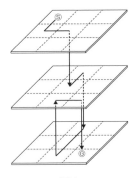

図1

❸ 授業で扱うポイント

　実物を手にして試行錯誤する体験だけでは，解を得ることにはつながっても，数学の学習としては不十分です。問題図をじっくり観察し，立方体の3種類の溝を合成・分解して解決への道筋を論理的につかませましょう。
　例えば，図2の通り，すべての経路を表現してみるのも一案です。点Aを移動させるには，3面のうちの2面で平行な溝が必要であることに留意しつつ，3方向から見た2次元情報としての3種類の溝を，空間内の1本の経路（線分）として心的に合成しておく必要があるでしょう。

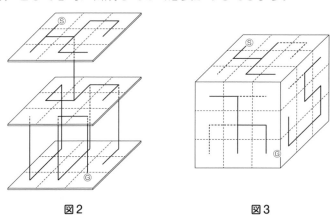

図2　　　　　　　　図3

　また，本課題については，問題づくりの場面を設けて互いに解き合う学習も，逆方向のイメージを養成するうえで重要です。そこでは，まず図1のような解答を用意し，それを心像として空間内にイメージしたうえで，3方向の二次元情報に分解して図3の実線部をかきます。あとは，迷路の脇道として，例えば，図3の点線部の溝をかき加えて自作問題を完成させます。
　なお，本稿の発展として，直方体などを基に授業構想することもできます。

〈参考文献〉
・拙稿「見えない迷路」，狭間節子編著『こうすれば空間図形の学習は変わる』（明治図書，2002年，pp.184-189）

3 ほどける紐（1年／空間図形など）

❶問題

下の図に示した紐は，両端を引っぱるとほどけるものと，結び目ができるものとがあります。

ほどけるものをすべて選び，記号で答えなさい。

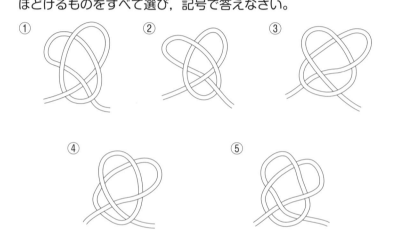

❷答え

①と②と③

❸授業で扱うポイント

心像の想起力，及びそれに対する心的操作力を養成する課題であり，様々な難易度のものを簡単に自作することができます。

例えば，授業の導入では，右のような場合から始め，慣れさせるのも一案です。

実際の授業では，太めの紐か，中に細い針金のあるモールを生徒に手わた

して考察させることもできるでしょう。その場合，少しずつ変形して，文字通り「紐解いていく」様子を段階的に観察・記録させるとともに，イメージ力の育成へとつなぐため，「どのような変形であれば可能なのか？」について学級全体で議論することが重要です。

下は，実際の授業において，生徒がまとめた3種類の変形方法です。

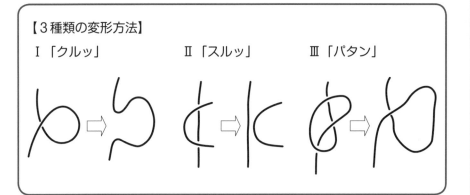

最後に，誤答が多いと思われる小問③について，生徒の考察過程を紹介します。下の図では，「スルッ」「パタン」「クルッ」「クルッ」という順に変形して，紐をほどいています。

〈参考文献〉
・拙論「数学における『直観力』測定のための基礎研究」(兵庫教育大学修士論文，1997.3)
・荊木聡他「中学生・高校生に対する調査結果および生徒の思考特性」，研究代表 狭間節子「数学教育における空間思考の育成に関する研究」(課題番号09680265，H9〜11年科学研究費補助金［基盤研究（C）(2)］研究成果報告書，pp.29-38)

（荊木 聡）

授業で使える

中学校数学
パズル・ゲーム大全

関数

グラフ・アート

1　グラフ・アートをつくろう（2年／一次関数など）

　本教材は，グラフ描画ソフトGRAPESを使って，PC画面に直線（線分）だけで絵を描くという教材です。コンピュータ・グラフィックス（CG）の基礎となるものとも言えます。前任の横浜国立大学教育人間科学部附属横浜中学校で平成24年度に行いました。その10年ほど前には，CASIOからグラフ電卓fx-9800を40台お借りして実践したこともあります。

❶問題

　大きく分けて次の3つの発問で展開しました。

> 問題1　座標平面上に6本以上の直線（線分）で絵を描こう。
> 問題2　その絵を描いた直線の式とxの変域をかこう。
> 問題3　タブレットPCのグラフ描画ソフトGRAPESを使って，本当に絵ができるか検証してみよう。

　まず，目盛りなしの座標平面が大きく印刷されたワークシートに，6本以上の線分で絵を描かせます。生徒たちは思い思いに描いていきます。
　その後，それぞれのグラフの式と変域を求めさせます。求めた式と変域をワークシートに書いてからGRAPESに入力する生徒もいましたが，先にGRAPESに入力してからワークシートに記録したいという生徒もいたので，それも認めました。できるだけ早く画面に自分が考えた絵を表示させたいと

いう意欲のあらわれのようにも感じられました。

❷答え

　本教材では，答えは１つに決まりません。生徒一人ひとりの個性や関心に応じて，一人ひとりの思いに沿って，答え（作品）がつくられていきます。生徒たちの素敵な作品をご紹介します。

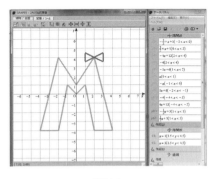

作品1

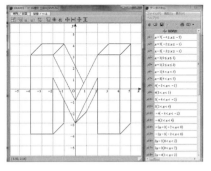

作品2

　作品1は，女子生徒が自分のイニシャル「M」にリボンを付けて表現したものです。2直線の平行条件，2直線の線対称条件，$y = a$の式などを活用してつくっています。

　他にも，自分の名前をモチーフにして作品をつくる生徒がいました。作品2も別のクラスの生徒で，自分のイニシャル「M」を表現しました。見取図として立体的に表現したところに独自性が見られます。

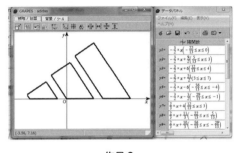

作品3

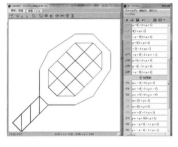

作品4

作品3は，サッカー部の生徒で，自分が好きなスポーツメーカーのマークを表現しました。また，作品4は，テニス部の部長の生徒が自分のラケットをイメージしてつくったものです。これらは平行な2直線の平行条件を活用して，直線の傾きを工夫しています。また，2直線の直交条件についても，（無自覚かもしれませんが）活用しています。ちなみに，2直線の直交条件については，前時「風車をつくろう」（後述）であらかじめ発見的に扱っているので，既習です。

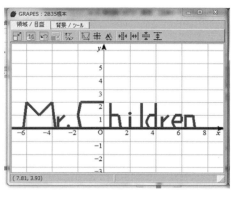

作品5　　　　　　　　　　　　作品6

　他にも，作品5，6のように，好きなアーティストやきれいな模様をモチーフにしたものなどがありました。

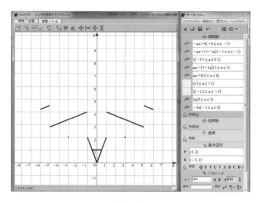

作品7

作品7は，顔をモチーフに絵を描いたものです。この作品のユニークなところは，表情を変えることができる点です。まゆ毛の部分の式にパラメータ a を含んでおり，a の値を大きくしていくと，ションボリした表情から怒った表情に変化していきます。

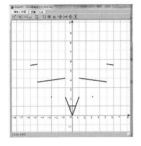 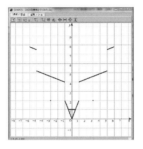 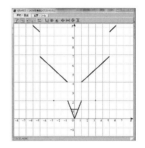

作品7のパラメータ a を大きくしていった様子

　とても遊び心がある作品です。式のどこをどう変化させるとグラフがどう動くのか，見通しをもちつつも試行錯誤しながらつくっていました。この生徒が動く絵をつくった背景には，前時「風車をつくろう」（後述）の影響があるように思います。完成途中のこの作品を周りの生徒が見て感激し，自分の作品にもパラメータ機能を使ってつくっていた姿は印象的でした。

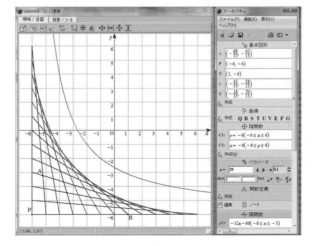

作品8

107

作品8をつくった生徒もその1人でした。数学に高い関心をもっていたこの生徒は，直線をつないで曲線をつくっていました。机間指導で声をかけたときには，その曲線が円弧になるのか双曲線の一部になるのか，疑問にもっていました。そのタイミングで作品7を見て刺激を受け，$y = \dfrac{a}{x}$のグラフを表示させ，動かして検証していきました。グラフ・アートを通して新たな問いを見いだし，数学的な探究を進めていった姿と言えます。

❸ 授業で扱う際のポイント
① 本時の前に，GRAPESを使って絵を描く経験をさせておく

まず，一次関数のグラフの学習で，GRAPESを使ってグラフを表示し，式 $y = ax + b$ の a や b の値を変化させることで，グラフが回転移動したり，平行移動したりすることを理解させました。

そのうえで，前時「風車をつくろう」では，グラフで絵を描けること，その絵にグラフの移動が使えることを，活動を通して理解させました。

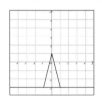

風車の図1　　風車の図2　　風車の図3　　風車の図4

「風車をつくろう」では，まず，風車の画像を見せたうえで，風車の図1をGRAPESで提示し，画像のような直交した風車の羽をグラフでつくることを生徒に求めました。

まず，「$y = 2x + 1$ のグラフをかいてごらん」と指示し，グラフを表示すると，風車の図2のようになります。

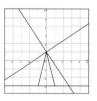

そこで、「あと1本グラフをかいて、垂直に交わる羽をつくろう」と問いかけ、風車の図3のようなグラフをつくっていきます。
さらに、風車の図4のように、他の傾きで羽をつくらせていくと、生徒たちは2直線が直交するための条件に気付いていきます。
式で一般化した生徒が出てきたところで共有し、その式 $y = ax + 1$ と $y = (-\frac{1}{a})x + 1$ を入力させます。a の値を変化させると、歓声が上がります。羽が回転するわけです。

②絵を上手く描けない場面を学習の動機付けとして生かす

生徒たちはその絵にいくらかの思いをもってつくろうとするのですが、思うように式と変域を特定できず、グラフを表示できない場面に遭遇します。そのときこそ、生徒が「わかりたい」と思うチャンスです。教科書やノートを開き、一次関数のグラフの傾きや切片について復習することで、理解を深め、自力で作品を完成させていきます。生徒たちは笑顔を取り戻します。
なお、2人ペア、あるいは4人グループで机を合わせて活動させると、お互いに質問し合ったり、完成途中の絵を見て刺激を受けたりしてモチベーションを高めることが期待できます。

③全員で一つひとつの作品を鑑賞する場面をつくる

自分の作品をつくるのに苦労すればするほど、他者の作品にも関心がわいてきます。筆者は、提出された各自の作品のデータを開き、電子黒板で表示して、コメントを添えながら鑑賞していきました。なぜその作品をつくったのか、苦労した点や工夫した点は何か、なども生徒に尋ねたいところです。数学の授業を通して、生徒一人ひとりの理解を深められるよい場面になるかもしれません。

（藤原　大樹）

授業で使える

中学校数学 パズル・ゲーム大全

関数

関数ゲーム

1 関数当てゲーム①（2年／一次関数）

❶問題

入力に対してある一定の"はたらき"で出力をする装置（ブラックボックス）があります。入力が1で出力が1，入力が2で出力が4の場合，このブラックボックスはどんなはたらきをしますか。

入力		出力
1	→	1
2	→	4

❷答え

この場合の"はたらき"は入力を"二乗する"とも入力を"3倍して2をひく"とも考えられます。ここでは一次関数として考えるので，後者を正解とします。

ブラックボックス

❸授業扱うポイント

一次関数としての"はたらき"を前提にします。入力が1増えたとき，出力は3増えています。この場合の3が変化の割合ですが，それがすぐに捉え

られるように，入力は連続する2つの自然数とします。ここでは一見間違えやすい問題で一次関数を際立たせるねらいも含めました。

> ゲームのルール（複数人のとき）
> ① 4～5人でグループをつくる
> ② じゃんけんをして勝った者がブラックボックスになる
> ③ ほかの者が入力をブラックボックスになった者に言い，そのときの出力を聞いてブラックボックスのはたらきを当てる

はたらきを"○倍して□をたす"としたとき，○と□はそれぞれ絶対値が9以下の整数とします。なお，入力してから出力するまでの時間は10秒以内とし，当てる時間は30秒以内とします。当てた者，あるいは，当てられなかったブラックボックスになった者の得点は＋2点とします。間違った出力をしたり，10秒以内に出力ができないブラックボックスになった者の得点は－1点，お手つき（間違えた出力）も－1点とします。勝った人がブラックボックスとなり，ゲームを続行します。ゲームが計算力の差だけに偏らないよう，複数人でゲームをやるときの時間制限は自由に変更してもよいでしょう。なお，入力に0と1を入れるとよいことに気付いたらそれ以外の入力に制限します。

> ゲームのルール（1人対1人のとき）
> ① 複数人のときの③とやり方は同じ
> ② 毎回出題者と解答者がチェンジする

この場合もゲームが計算力の差だけに偏らないよう，複数人でやるときと同様に時間制限は自由に変更するとよいでしょう。いずれの場合も，参加者が楽しくゲームをしながら，一次関数のはたらきに慣れることが大切です。

〈参考文献〉
・数学教育協議会，小沢健一『ゲームであそぼう　算数・数学』（国土社）

2　関数当てゲーム②（2年／一次関数）

❷問題

> ボードの裏に，ある一次関数の式を書きました。この関数は右のような入力と出力となります。
>
> このとき，ボードの裏に書かれた関数の式はどのような式ですか。
>
> | 入力（x） | 出力（y） |
> |---|---|
> | 5 → | 13 |
> | 7 → | 19 |
>
> ボードの表

❷答え

入力が2増えると出力が6増えているので，

$$変化の割合＝\frac{6}{2}＝3$$

そこで，3×5＝15 ですが，出力は13となっています。したがって，入力 x に対して出力を y とすると，この場合の関数の式は，$y＝3x－2$ となります。

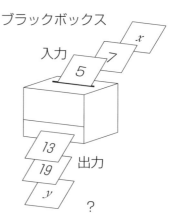

ブラックボックス

❸授業で扱うポイント

変化の割合（ここでは3）がわかれば，$y＝3x＋b$ となり，さらに1つの入力から初期値 b がわかり，関数の決定となります。入力は整数の範囲とします。次ページのゲームでは，関数の式をあらかじめ考えておくのが出題班です。また，その式を当てるのを解答班とします。

ゲームのルール
① 2〜3人の班対抗で行う
② 2つの班はじゃんけんで，先攻か後攻を決める
③ 解答班は1つずつ入力を言い，出題班は出力を1つずつ答える

　出題班が出力したら，解答班は10秒以内に次の入力を言います。もし解答班が10秒以内に入力を言わなければ解答班の負け，出題班も10秒以内に出力しなければ負けとします。なお，2つの入力に対して，出力してから解答が出るまでの時間が短い方が勝ちとします。解答班の制限時間は20秒以内とします。20秒を超えても解答が出なければ負け，出力が間違えていたら出題班の負けとします。また，間違った解答が出たときは解答班の負け。ストップウォッチで時間を測ります。

　なお，厚紙（B5判程度でできればラミネートしたもの）を各班とも水性マジックでボード代わりに使用します。出題班はあらかじめボードの裏に一次関数の式を書いておきます。

ボード

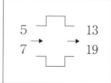

表　　　　　　　　裏

　数の絶対値で大きな数を使ったとき，（変化の割合や初期値についても）計算が大変になりますが，あまり計算力を要することに偏らないようにすることも場合によっては必要でしょう。

　なお，班対抗のリーグ戦とすることもできます。また，制限時間を自由に変更したり，新たにルールを加えてもよいでしょう。

　ゲームは5〜10回戦行えるとよいでしょう。

　なお，入力に連続する2つの整数を使うことは禁止とします。

〈参考文献〉
・数学教育協議会，小沢健一『ゲームであそぼう　算数・数学』（国土社）

3 関数当てゲーム③（3年／関数 $y = ax^2$）

❶問題

> 入力に対してある一定の"はたらき"で出力をする装置（ブラックボックス）があります。入力が1で出力が2の場合，この装置への入力が2のとき，出力はいくらでしょう。
>
> 　　　　　　　　入力　　　出力
> 　　　　　　　　 1　→　　2
>
> ただし，ここでの関数は比例か関数 $y = ax^2$ とします。

❷答え

4または8

❸授業を扱うポイント

ブラックボックスのはたらきを比例と考えれば，入力2のとき，出力は4となり，関数 $y = ax^2$ とすれば，入力2のとき，出力は8となります。

ここでの関数は，すでに入力が0で出力が0となっていますが，それが比例なのか関数 $y = ax^2$ なのかがわかるには，さらに2つ目の数の入力からそのときの出力を問う必要があります。

ブラックボックス

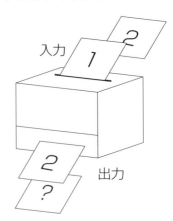

> ゲームのルール
> ①3～4人でグループをつくる
> ②じゃんけんをして勝った者が関数の式を決め，ブラックボックスになる
> ③他の者が入力を言い，そのときの出力を当てる

　入力は整数とし，その絶対値が9以下とします。
　ブラックボックスになった者は，その他の者が言った1つ目の数の入力と2つ目の数の入力に対してそれぞれの出力を言います。この段階で関数の式がわかりますから，今度は，ブラックボックスになった者が適当な入力をその他の者に言い，そのときの出力をその他の者が当てます。当たった人が勝者となります。
　すべて入力してから出力するまでの時間は5秒以内とします。
　勝者あるいは，その他の者が出力を当てられなかったブラックボックスになった者の得点は，＋5点とします。この場合は，再び同じ人が次の回もブラックボックスとなります。
　5秒以内に出力ができなかった場合，その人に－2点を与え，ゲームは続行します。勝者がブラックボックスとなり，ゲームは5～10回程度行います。

　なお，慣れてきたら，入力の数の範囲を絶対値を19以下などと範囲を広げてもよいでしょう。伴って，入力から出力までの制限時間も10秒以内などとします。
　ただし，計算力が必要以上に問われるような傾向になると，全員が楽しんで取り組めなくなるおそれがあり，そうならないよう注意を要します。参加者が楽しくゲームをして，それぞれの関数にいっそう慣れることが大切でしょう。

（小林　俊道）

授業で使える

中学校数学 パズル・ゲーム大全

統計・確率

統計の問題

1 分布推測ゲーム（1年／資料の散らばりと代表値）

❶問題

[ルール] 4人グループ，協力プレイ！
・フィールド上の横軸（点数，0～15点）の上にデータを積んでいく。
・【問題】では，点数の平均値と中央値が示される。平均値と中央値が問題の値になるようデータを分布させる。
・置くデータ数は21コ，1つの点数上に積めるデータは7コのみ。
・なるべくひと山になるよう，外れ値が出ないように分布させる。

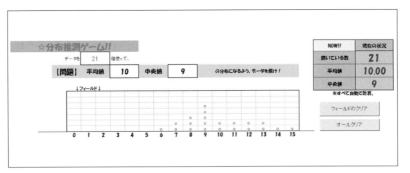

表計算ソフトを用いて作成，個数と平均値，中央値が自動計算される

【問題】
① 平均値 8
② 平均値 8　中央値 7
③ 平均値 8　中央値 6

❷答え（例）

① 　② 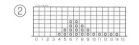　③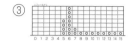

※①〜③いずれにおいても，分布は一意ではない。

❸授業で扱うポイント

　与えられた代表値から分布を推測することで，平均値・中央値と分布の関係を具体的な操作を基に理解することがねらいです。平均値・中央値の意味を学習した後の授業として位置づけます。

　ルールとPCの操作説明をした後，さっそく問題①に取りかかります。問題①は平均値のみの指定なので，生徒もそこまで苦戦はせず，ほとんどのグループが「平均値8を軸に対称な分布」をつくります。自分のグループの解決ができたら，少し時間を取って他のグループの解決を見に行かせます。

T　他のグループの分布を見て，気付いたことはないかな？
S　ほとんどのグループが，左右対称につくっているね。
S　だとすると，中央値は8だね。
T　では，中央値が変わったら，分布はどのように変わるかな？

　これらのやり取りの後，問題②，③に取り組ませます。このときに「平均値を固定して分布をずらしていく方法」を全体で共有するかどうかが生徒の実態に合わせた対応に
なります。あるデータを左にいくつかずらしたとき，別のデータを右に同じだけずらせば，平均値を変えずに分布を動かすことができます。このことに気付くと，中央値が小さくなる問題②，③についても容易に取り組めます。

　その後，①〜③の完成した分布を比較し，中央値が平均値より小さくなると分布はどのように変化するかを問います。そして，「中央値側に山ができ」「逆方向に裾が長くなる」ことをまとめます（(2)答えの図参照）。加えて実際に裾の長い分布（例えば，プロ野球選手の年棒など）を紹介することで平均値と中央値の違いが分布の様子にかかわることが実感を伴って理解できます。

ホワイトボードとマグネットで操作する方法もありますが，平均値の計算が大変です。表計算ソフトでゲームのシステムをつくる準備に手間がかかりますが，難しい仕組みでもないので，いかがでしょうか。

2 何の DATA で SHOW?（1年／資料の散らばりと代表値）

❶問題

次のア〜エの度数分布多角形は，何のデータを集めてつくったものでしょうか？　正しいものを①〜⑥より選びましょう。

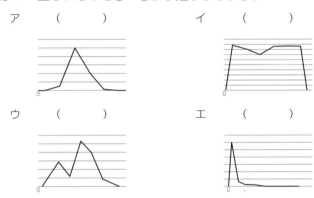

ア（　　）　　イ（　　）　　ウ（　　）　　エ（　　）

[選択肢]
① 日本の年齢階級別人口
② 中学1年生の美しいと思う長方形の1辺の長さ（生徒アンケート）
③ サイコロを500回振ったときの出た目の値
④ 中学1年生のこの1週間の平均睡眠時間（生徒アンケート）
⑤ 平均値50点，中央値70点のテストの点数
⑥ プロ野球選手の年棒（資料：ベースボール・マガジン社「週刊ベースボール」2013年第5号より）

❷答え

ア　④　　イ　③　　ウ　②　　エ　⑥

❸授業で扱うポイント

　事象とその分布の様子がどうなるかを考えることで，分布の見方への理解を深めることをねらいます。度数分布多角形学習後なら，どこでも扱えます。
　授業の冒頭では選択肢を提示し，概形がどのようになるか予想します。

T　今から見せる度数分布多角形は，あるデータを集めてつくったものです。あるデータとは，次の①～⑥です。

S　①は社会で見たことがあるぞ。⑥は一部の人が多くもらっているから…。

　次に，プレゼンテーションソフトなどを用いて度数分布多角形を提示していきます。ここでは「アは○○じゃないかな？」「イは…」などとつぶやいていくかもしれませんが，教師は特にコメントしないでおきます。その後，個人解決（ないしペア）として選択肢を選び，その理由を簡単に記述させます。それから，4人グループになり，各々が考えた答えとその理由を共有させます。

　全体解決では，教師が「アの度数分布多角形はどの事柄ですか？」と1つずつ問うていき，グループごとにホワイトボードに答えの記号を書いて掲げさせます。そして，問題ごとに生徒に説明させます。例えば，アは④ですが，これはある程度同じくらいの時間に近付くことが理由としてあげられます。一方，イはどの階級もほぼ同じ度数であることから，③であることがわかります（「統計的確率」は未習ですが，感覚的にどう捉えているかを測ることもできます。学習後でもよいでしょう）。

　では，ウは何でしょうか。これは②です。すると，ここで話題になるのが「なぜふた山できているのか」になります。これは美しいと思う長方形を縦書きしたか横書きしたかで変わってきます。データの分布がふた山（双峰）のときに，層別の可能性を考える1つのきっかけになります。

　これらのデータは，処理は大変ですが，生徒に事前にアンケートとしてとったデータであると，よりいっそう主体的に取り組むことが期待できます。

（峰野　宏祐）

3 電化製品の比較（1年／資料の散らばりと代表値）

❶問題

ある電化製品について，M社，N社で3つの機能A，B，Cを比較したところ，右の表のような値であった。このとき，M社，N社どちらの製品の方を購入するのがよいだろうか。

	A	B	C
M	7	7	7
N	6	9	6

❷答え

これだけのデータではわからない。

❸授業で扱うポイント

　数学の中で，統計は具体的で実用的な内容を扱うので，受動的な学習もさることながら，能動的な作業や活発な意見交換を取り入れた授業構成をすると，生徒たちにとって，より実感のある学習を期待することができます。この観点から，本稿で取り上げる問題は，あらかじめ教師が用意した解答に導くような内容ではなく，生徒たちがいろいろなことを考え，多様な意見が出るように設定しました。生徒たちの反応を見てみます。

　まず，はじめに出てくるアイデアに，平均点で比較するというのがあります。そこで，M社，N社それぞれの平均点を計算してみると，同じ7点になります。したがって，「どちらも性能は同じなので，どちらでもよい」「これらのデータだけでは，判断できない」という発言が出てきます。ところが，「平均点で判断できないのなら，多数決でどうだろうか？」という意見が出てきます。

　M社はA，Cの2つの機能で優っているが，N社はBの1つのみなので，「2対1でM社がよい」という判断の仕方です。一方で「A，Cは1点差だけど，Bは2点差なので，むしろN社の方がよい」という別の意見も出ます。

すると,「そもそもA,Cの1点差とBの2点差はどれだけの意味をもっているのかがよくわからないので,やっぱり判断できない」という意見が出ます。したがって,強いて,正解をあげるなら,問題設定が不十分なので,これだけのデータではわからないとなります。

このように,同じデータを見ているのに異なる結果が出てくるのは,このケースのように数値に明確な差がないときにどのような観点で判断したのかに依存します。つまり,何を重視するかで(価値観によって)異なる(あるいは望みの)結果を導けてしまうのです。このことは,統計の利用が,データを分析することで新しい情報が得られるという面,自分の主張に合うようにデータを利用することができるという面の2つをもつことを示唆しています。統計を学ぶことは,前者の立場であるのだが,このような2つの面があるので,分析する前に,どのような観点で分析するのかを決めておかないと,結局,何も結論が得られないということになりかねません。

さて,問題を進めるためにデータを追加します。

| さらに同様の製品を出している数社を調べたところ,数値の平均と標準偏差が右の表のような値であることがわかった。 |

	A	B	C
平均	5	5	5
標準偏差	4	2	4

なお,標準偏差が少しわかりにくいときは実際に自分が受けた試験の偏差値の計算をさせてみるのが割と効果的です。正規化してみると,右の表のようになります。偏差値順位の考え方です。各々の1点差のバラツキを修正した値での平均なので,単純平均より得られる情報には意味があります。これより平均点で差が付いたので,N社の方がよいという結論になります。

	A	B	C	平均
M	0.5	1	0.5	0.67
N	0.25	2	0.25	0.83

授業では,「実生活ではこの分析の結果を踏まえたうえで実際にどちらを選ぶかは,自分で判断しなければいけない」ことも最後に付け加えます。

(小澤 嘉康)

4 閣僚資産の平均値は適切な値？（1年／資料の散らばりと代表値）

❶問題

　内閣が発足すると，閣僚の資産が公開され，新聞やインターネットのニュースサイトなどにその平均値が掲載されます。

　ある内閣の閣僚の資産が右の表のようになっていたとします。これら14人のうち，平均値以上の資産をもっている閣僚は何人でしょう？

　次の①〜③の中から選びなさい。

　①8人以上　②7人　③6人以下

	（万円）
首相	144,000
副総理	900
総務相	950
法相	3,500
外相	3,200
財務相	14,000
文部科学相	4,000
厚生労働相	0
農相	5,000
経済産業相	3,000
国土交通相	700
環境相	2,000
防衛相	300
官房長官	1,200

❷答え　③

　まず，電卓などを用いて平均値を求めると，小数第2位を四捨五入して13053.6，つまり，1億3千万円くらいになります。ここで，次ページのよ

うなソートした表をつくってみると，これに該当する閣僚は首相（14億4千万円）と財務相（1億4千万円）の2人だけで，それ以外はすべて平均値を下回っていることがわかります。そのため，答えは③「6人以下」になるのですが，「平均値」であるにもかかわらず，これに該当する閣僚は驚くほど少ないことがわかるのです。このような結果を引き起こす原因に，極端な値の存在があります。

首相	144,000
財務相	14,000
農相	5,000
文部科学相	4,000
法相	3,500
外相	3,200
経済産業相	3,000
環境相	2,000
官房長官	1,200
総務相	950
副総理	900
国土交通相	700
防衛相	300
厚生労働相	0

❸授業で扱う際のポイント

　平均値は分布の中心を測るための一般的な尺度ではあるのですが，果たしてそれは万能の尺度なのでしょうか。少なくとも，この場面では適切な値を与えることができているとは言いがたいです。そこを生徒たちに考えさせたいところです。

　一方で，生徒たちは中央値や最頻値なども代表値としてこの単元で学んでいきます。だからこそ，どのような場面でどの代表値を選び，意志決定につなげていくのかについて，具体的な場面を通じて考えていくことが重要です。

　この場合，中央値も分布の中心を測るための尺度であることから，まずは上の表のようにソートして，もれなく順に並べて中央値を求めやすくします。データの数は14なので，中央値は（3000＋2000）÷2より2500万円になり，その値以上の資産をもっている者は7人になります。

　では，ここで首相の14億4千万円を除いて考えたら，平均値や中央値はどうなるでしょう。$\frac{1}{4}$より小さくなるなど平均値は大きく変化しますが，中央値は平均値に比べると，それほど大きくは変化しないことがわかります。

	首相を含む場合		首相を除く場合
平均値：	13053.6	平均値：	2980.8
中央値：	2500	中央値：	2000

　このように，平均値は極端な値に影響を受けやすい一方で，中央値はそれほど大きな影響を受けません。そのため，むしろデータの典型的な値は中央値によって与えられることもわかります。

　また，こうした極端な値，つまり外れ値の扱いに関心をもつ生徒も出てきます。例えばこの場合，首相の14億4千万円だけでなく，厚生労働相の0円の扱いについても議論が起きるかもしれません。もちろん，分布を調べて考えてみることも大切です。果たして「0円」は14億4千万円ほどに分布から離れているでしょうか。これも学んだことを基に考えてみたいところです。

5 本当にB組の平均点の方が高くなるの？（3年／標本調査）

❶問題

　A組とB組の2つのクラスで，あるテストの平均点を比較したところ，下の表のように男子の平均点も女子の平均点も，どちらもそれぞれA組の方がB組よりも2点高くなっていることがわかりました。

　ところが，A組とB組のクラス全体の平均点を比べたところ，不思議なことに，B組の方がA組よりも平均点が高くなっていました。

	男子の平均点	女子の平均点
A組	75.5	84.2
B組	73.5	82.2

　A組とB組の人数は同じです。集計結果に間違いがなかったとして，そのようなことは本当に起こり得るのでしょうか。

　①起こり得ない　　②起こり得る

❷答え

②

　例えば，A組とB組がそれぞれ30人のクラスだったとして，生徒たちが下の表のような点をとった場合，クラス全体の平均点はA組が78.4点，B組が79.3点となり，B組の方がA組よりわずかに平均点が高くなります。

A組

	テストの点	性別
1	90	男子
2	58	男子
3	87	女子
4	79	男子
5	84	男子
6	81	男子
7	79	女子
8	75	男子
9	61	男子
10	85	女子
11	68	男子
12	59	男子
13	94	女子
14	65	男子
15	60	男子
16	95	女子
17	92	男子
18	60	男子
19	72	女子
20	66	男子
21	76	女子
22	93	男子
23	67	男子
24	84	女子
25	89	男子
26	94	男子

B組

	テストの点	性別
1	66	男子
2	92	女子
3	84	女子
4	80	女子
5	61	男子
6	71	女子
7	89	男子
8	82	男子
9	77	女子
10	72	女子
11	73	男子
12	76	女子
13	79	女子
14	93	女子
15	92	女子
16	94	女子
17	83	女子
18	62	男子
19	91	女子
20	85	男子
21	86	女子
22	64	男子
23	79	男子
24	82	女子
25	89	女子
26	70	女子

27	82	男子
28	80	女子
29	87	男子
30	90	女子

27	74	男子
28	90	女子
29	74	女子
30	69	女子

　ここで，クラスの人数はそれぞれ30人ずつなのですが，A組は男子が20人で女子が10人，B組は男子が10人で女子が20人のように，男子と女子の比が異なっています。

　このような，集団を分けたときの性質と，集団全体の性質が異なるという現象は，今日「シンプソンのパラドックス」の名で知られていますが，これはイギリスの Edward H. Simpson という統計学者が1951年に「The interpretation of interaction in contingency tables（分割表における相互作用の解釈）」という論文の中で指摘したことに由来しています。

　この場合，A組とB組の女子の平均点はA組の方が高くなるのですが，B組は平均点が80点台の女子の人数が，平均点が70点台の男子の2倍いることで，全体としては平均点が引き上げられています。それはA組についても同じことです。あるいは，クラスの$\frac{2}{3}$を占めるB組の女子の平均点（82.2）と，同じく$\frac{2}{3}$を占めるA組の男子の平均点（75.5）を比べてみると，中学生にもイメージがしやすいのではないかと思います。

　また，A組とB組の分布の様子をヒストグラムで調べてみると，次のようになります。

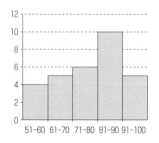

A組全体のヒストグラム

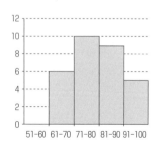

B組全体のヒストグラム

❸授業で扱うポイント

　こちらも平均値に関する問題ですが，男子も女子もそれぞれＡ組の方が平均値が高くなるにもかかわらず，全体ではＢ組の方が平均値が高くなってしまうという不思議さの秘密を，直感で捉えることは容易ではありません。その意味では，やはり３年で扱ってみたい内容であると言えます。

　今回紹介した例では，簡単にするため，クラスの人数を30人，生徒の比を１：２にし，男子や女子の平均点の差をそれぞれ２点にしていたのですが，標本調査で扱う場合，例えば，クラスではなく，Ａ校とＢ校のある学年にするなど人数を増やし，比も１：４くらいにして点差をある程度つけた方が行いやすいかもしれません。今回の例でも，標本平均が下のようになることもありますが，大小関係がこのようにならないこともあります。

	男子の平均点	女子の平均点
Ａ組	76.8	84.8
Ｂ組	71.0	78.0

	クラス全体の平均点
Ａ組	73.4
Ｂ組	79.4

　実際の授業では，生徒にいくつかの班に分かれて標本平均を求めさせ，不思議なことが起きていることを実感させてから母平均を示し，その謎について考える必然性が生じてくるよう指導していくとよいでしょう。

〈引用・参考文献〉
・デイヴィッド・ムーア　ジョージ・マッケイブ著，麻生一枝・南條郁子訳『実データで学ぶ，使うための統計入門』（日本評論社）
・神永正博著『直感を裏切る数学』（講談社）

（北島　茂樹）

授業で使える

中学校数学 パズル・ゲーム大全

統計・確率

確率の問題

1 サイコロの目の出方はみな同じ？（2年／確率）

❶問題

> 　1～6の目がどれも同じ確率で出る3つのサイコロがあるとき，サイコロの目の和を6にするには，何個のサイコロを使うときが一番，確率が高くなるでしょうか。
> 　また，和が6の倍数になるときの確率は，サイコロが1～3個のとき，どのような違いがあるでしょうか。

❷答え

　直感的には，サイコロが多い方が様々な場合が考えられ，確率が高くなるように感じますが，実際にはサイコロが1個のときは全部で6通りの目の出方があり，そのうち6の目が出るのは1通りであるため$\frac{1}{6}$。2個のとき，全部で36通りの目の出方があり，そのうち2個のサイコロの目の和が6になるのは5通りであるため$\frac{5}{36}$（和が6のとき（1，5）(2，4)(3，3)(4，2)(5，1)）。3個のとき，全部で216通りの目の出方があり，そのうち3個のサイコロの目の和が6になるのは10通りであるため$\frac{10}{216}$（和が6のとき（1，1，4）…(1，4，1)(2，1，3)…(2，3，1)(3，1，2)(3，2，1)(4，1，1)）。したがって，サイコロが1個の場合が，最も確率が高いと言えます。

　サイコロが1個のときは全部で6通りの目の出方があり，6の倍数になる

のは目が6のときであるから，1通りであるため$\frac{1}{6}$。2個のとき，全部で36通りの目の出方があり，そのうち2個のサイコロの目の和が6の倍数になるのは目の和が6と12のときであるから，6通りであるため$\frac{6}{36}=\frac{1}{6}$(和が12のとき(6，6))。3個のとき，全部で216通りの目の出方があり，そのうち3個のサイコロの目の和が6の倍数になるのは目の和が6と12と18のときであるから，36通りであるため$\frac{36}{216}=\frac{1}{6}$(和が12のとき(1，5，6)(1，6，5)(2，4，6)…(2，6，4)(3，3，6)…(3，6，3)(4，2，6)…(4，6，2)(5，1，6)…(5，6，1)(6，1，5)…(6，5，1)，和が18のとき(6，6，6))。したがって，サイコロが1～3個の場合が，サイコロの目の和が6の倍数になる確率は同じであると言えます。

❸授業で扱うポイント

サイコロ2個までは，すべての場合を表で示して容易に考察させることができます。3個以上は，表ですべての場合を表すのではなく，求める和になる場合を検討させるとよいでしょう。すべての場合を求めるには，筋道立てて考察させることによってその重要性を理解させたいところです。

目の和	3	4	5	6	7	8	9	10	11	12	13	14	15	16	17	18
出方	1	3	6	10	15	21	25	27	27	25	21	15	10	6	3	1

サイコロ3個の場合のサイコロの目の和の出方は，上記の通り。よって，サイコロの目の和が2～6の倍数になる出方は右下の表の通りになります。

サイコロ3個までは6の倍数になるのは$\frac{1}{6}$の確率ですが，4個では同様の性質はありません。3の倍数でもサイコロ3個までは$\frac{1}{3}$の確率となりますが，すべての場合を求めるには煩雑であり，課題としては適していません。サイコロ3個までは規則性が多くあるため，目の和が倍数になることに着目することで，確率の数学的な神秘性への興味・関心を高めることができます。

倍数	2	3	4	5	6	全部
サイコロ1個	3	2	1	1	1	6
サイコロ2個	18	12	9	7	6	36
サイコロ3個	108	72	55	43	36	216

(上原　永護)

2　確率は$\frac{1}{2}$？　$\frac{1}{3}$？　それとも$\frac{1}{4}$？（2年／確率）

❶問題

　まず，右：左図のように，正三角形の3つの頂点を通る円をかきます。次に，右：右図のように，円の中に弦を1つかきます。

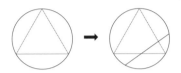

　このとき，弦の長さが正三角形の1辺の長さよりも長くなる確率は，どのくらいでしょう？

　　① $\frac{1}{2}$　　　　② $\frac{1}{3}$　　　　③ $\frac{1}{4}$

❷答え

　実は，答えは，弦をどうとるかによって，①にも②にも③にもなります。この問題は，フランスの数学者 Joseph Bertrand が議論した「ベルトランの逆説」として知られています。

　ここでは，なぜそのような答えになるのか，それぞれの場合について考えてみましょう。

①答えが$\frac{1}{2}$になる場合

　円の直径をランダムに1つ選んだ後，その直径上に点をランダムに選び，その点を通って，この直径に垂直な弦を引きます。ここで，考えやすくするため，正三角形を回転させて1辺がこの直径に垂直に交わるようにします。

このとき，弦が図1のように，1辺と直径の交点よりも円の中心に近い位置にあれば，弦は1辺よりも長くなります。逆に，図2のようなとき，弦は1辺よりも短くなります。1辺と半径の交点は，半径の$\frac{1}{2}$の位置にありますので，直径に対して，弦が1辺より長くなるような点の取り得る範囲は，その$\frac{1}{2}$であることがわかります。

図1

図2

②答えが$\frac{1}{3}$になる場合

　まず，円周上に2つの点をランダムに選び，それらを結んで弦を引きます。次に，考えやすくするため，円周上に選ばれた1点に正三角形の頂点の1つが重なるように回転させていきます。このとき，図3のように，もう1点が正三角形の他の2頂点間の弧の上にあれば，弦は正三角形の1辺よりも長くなります。

図3

　ここで，その弧の長さは円周の$\frac{1}{3}$であることがわかります。

③答えが$\frac{1}{4}$になる場合

　まず，円の内部にランダムに1点をとり，その点が中点となるように弦を引きます。次に，半径がこの円の半径の$\frac{1}{2}$となる同心円をかきます。この小さい円は正三角形に内接しますので，図4のように，円の内部にランダムに選ばれた点が小さい円の内側にあるとき，弦は正三角形の1辺よりも長くなります（逆に，図5のように点をとると，弦は1辺よりも短くなります）。

図4

図5

　ここで，小さい円の面積は円の$\frac{1}{4}$であることがわかります。

❸授業展開例

　この問題は，弦をランダムにとって正三角形の1辺よりも長くするゲームのように扱うのですが，知識構成型ジグソー法による授業がおすすめです。それぞれの確率の求め方や考え方についてエキスパート活動で学び，ジグソー活動でそれぞれの確率の妥当性などについて議論させるのです。また，エキスパート活動では，各グループにタブレットを1つ配り，それぞれの確率について考える手がかりとなるファイルを作図ツールで用意しておき，生徒が観察しながら考えることができるようにしておくとよいでしょう。

3　コインの反対側はオモテ？　それともウラ？（2年／確率）

❶問題

> 　袋の中に3枚のコインが入っています。この中で1枚は普通に表と裏があるのですが，あとの2枚は一方が両面とも表，もう一方が両面とも裏，となっています。
> 　この袋からコインを1枚ランダムに取り出し，（どのコインかは確認せず）投げたところ，表が出ました。そのコインの反対側の面が表である確率は，どのくらいでしょう？

❷答え

　コインを投げたとき，表が出ているのですから，選ばれたコインは（表，裏）か（表，表）のどちらかになります。そのため，コインの反対側の面が表である確率は $\frac{1}{2}$ になりそうなのですが，実は $\frac{2}{3}$ になるところがおもしろいところです。この問題はピーター・ウィンクラーの『とっておきの数学パズル』の中で紹介された確率パズルなのですが，Joseph Bertrand が同じく

「Calcul des Probabilités」で取り上げた「ベルトランの箱のパラドックス」と本質的に同じ問題だと言えます。

では，なぜ答えが $\frac{2}{3}$ になるのかを考えてみましょう。はじめに袋からランダムに1枚を取り出して投げたとき，「表」が出たのですから，コインは（表，裏）か（表，表）の「表」のいずれかということになります。それらを区別するために，(表1, 裏)，(表2, 表3) としてみます。そこで，次のように考えると，見えている面の「表」は表1～表3の3通りになります。また，その反対側の面も「表」になっている場合の数は2通りになります。

見えている面	その反対側の面
表1	裏
表2	表3
表3	表2

よって，確率は $\frac{2}{3}$ になることがわかります。

❸ 授業展開例

この問題は，もちろんパズルとして扱ってもよいのですが，やはり生徒に予想させ，ゲームのように何回も行って観察し，なぜ $\frac{1}{2}$ にならないのかなどを考えていく展開がおもしろいでしょう。その際，(表，表)，(裏，裏) のようなコインを準備することは難しいかもしれませんが，小学校などで使われるコインの教具に「表」や「裏」と書いて観察してみてもよいでしょう。

〈引用・参考文献〉
・マーティン・ガードナー著，岩沢宏和他監訳『ガードナーの数学娯楽』（日本評論社）
・ピーター・ウィンクラー著，坂井公他訳『とっておきの数学パズル』（日本評論社）

（北島　茂樹）

4 おかしな賭け（2年／確率）

❶問題

> トランプを4枚用意します。2枚はスペードとクラブ，残り2枚はハートとダイヤです。4枚をよく切って裏返して並べます。あなたはそのうちの2枚を選んでひっくり返します。2枚のカードが同色（赤と赤か黒と黒）だったらあなたの勝ち，違う色（赤と黒）だったらあなたの負けです。あなたの勝つ確率はいくつですか。

❷答え

あなたの勝つ確率は $\frac{1}{3}$ で，この賭けはあなたに不利です。

❸授業で扱う際のポイント

この問題も少し直感とはずれている気がするところがおもしろい点です。4枚のカードから選ぶ2枚のカードの組合せは（赤，赤）（赤，黒）（黒，赤）（黒，黒）の4通りで，そのうち半分があなたの勝ち，半分があなたの負けですから，勝つ確率は $\frac{1}{2}$ で平等な賭けのような気がします。少し迂闊な人ならカードの組合せは同色（（赤，赤）か（黒，黒））か異色（（赤，黒））だから勝つ確率は $\frac{2}{3}$ などと思ってしまうかもしれません。もう少し慎重な人なら（赤，黒）と（黒，赤）を区別するでしょう。しかし，区別したとしても，4通りの組合せのうち，半分は自分の勝ちなのだから，この賭けは平等だと思うのでしょう。確率の問題はいわゆる計算問題と違って，少し慎重な思考を必要とします。ただ，中学校で扱うような確率なら，煩を厭わず，すべての場合をかき出してみることがとても有効です。多くの生徒は全部をかき出してみることを面倒だと思うかもしれませんが，数十通りくらいの場合なら，例えば，手分けをしてかき出してみるなどの方法も考えられます。この場合，4枚のカードの並べ方は全部で4！＝24で24通りしかありません。すべてを列挙してもたいした手間ではありません。ここでは紙数の都合で全部をかき出すことはしませんが，スペードをS，ハートをH，ダイヤをD，

クラブをCとすれば，例えば，(S, H, D, C)などが1つの並べ方です。あなたはこの中のどれか2枚を選んでひっくり返します。並べ方24通りを列挙したので，選ぶカードは先頭の2枚としても一般性を失うことはありません。先ほどの例(S, H, D, C)では選ばれるのはスペードとハートで黒と赤ですから，あなたの負けです。4枚の列で先頭の2枚が同色になる列はいくつあるでしょうか。最初がスペードで次がクラブの列は，残り2枚のハートとダイヤの並び方は自由ですから，(S, C, H, D)，(S, C, D, H)の2通り，最初がクラブで次がスペードの列も同じように2通り，最初がハートで次がダイヤの列，最初がダイヤで次がハートの列も同様に2通りずつ，したがって，先頭の2枚が同色になる列は全部で8通りあります。これがあなたの勝つ場合ですから，確率は$\frac{8}{24}=\frac{1}{3}$となります。したがって，私の勝つ確率は$1-\frac{1}{3}=\frac{2}{3}$で，私はあなたの2倍有利なのです（くれぐれもこれを利用していかさま賭博などしませんように！）。トランプのカードであることは本質的でないので，赤いカード2枚と黒いカード2枚で考えても（カードは区別がつかないとする）同じです。この場合は，カードの並べ方は例えば，(赤，赤，黒，黒)や(赤，黒，赤，黒)などのようにして，全部で6通りあります。そのうち，先頭の2枚(あなたがひっくり返すカード)が同色になる列は(赤，赤，黒，黒)か(黒，黒，赤，赤)の2通りしかありません。したがって，あなたの勝つ確率は$\frac{2}{6}=\frac{1}{3}$です。この問題の場合，上記のようにすべての場合をかき出してその中であなたが勝つ場合が何通りあるかを考えることで，曖昧さをもたずに解決できます。しかし，次のような上手い説明も納得してくれる生徒がいるかもしれません。4枚のカードを並べます。1枚のカードをひっくり返します。赤でも黒でも同じことなので，赤だとしましょう。机の上には3枚の裏向きカードが残っています。そのうち，2枚が黒で1枚が赤です。あなたが勝つためには，次に赤いカードをひっくり返さなければなりません。ところが，残り3枚のカードのうち，赤いカードは1枚だけです。ですから，あなたの勝てる確率は$\frac{1}{3}$しかないのです。

5　不思議なじゃんけん・ストレートフィンガー（2年／確率）

❶問題

> こんなじゃんけんを考えます。指を0本（グー）か1本か2本（チョキ）出します。皆が出した指の数を合計し，それを3でわった余り（0か1か2）を考えます。それと同じ数の指を出した人が勝ちです。この変形じゃんけんを分析してください。

このじゃんけんは2人では勝負がつかない（必ず引き分けになる）。3人の場合は，指を1本あるいは2本出すと勝つ確率が $\frac{1}{3}$（引き分けになる確率も $\frac{1}{3}$）となるのですが，少し不思議な現象が起きます。

このじゃんけんはもともと『大学への数学』の別冊，『解法の探求・確率』（東京出版）で雑誌の編集部が大勢でじゃんけんをする場合のアイコの場合を減らすために考え出したようですが，群馬大学教育学部数学科の学生が中学校の教育実習の研究授業のためにアレンジし，実際に確率の授業で使ったものです。学生たちはストレートフィンガーと呼んでいました。研究授業では生徒たちが何人かで組になり，実際に指を出して勝負していました。指の数のたし算と3でわるわり算の余りを計算しなければならないのが弱点ですが，数回繰り返すとすぐに余りの計算は暗算でできるようになります。ところで，普通のじゃんけんではグー，チョキ，パーが出そろってしまうと三すくみのために引き分けになってしまいますが，このじゃんけんでは0本，1本，2本が出そろっても引き分けにはならず，決着がつきます（全員が勝者の場合が出てくるが，その場合は引き分けとする）。つまり，指の数は三すくみにはなっていないので，相手によって強さが変わるところがみそです。

では実際に分析してみます。2人の場合は，0本を出すことはできません。なぜなら，0本を出すと，相手が0の場合は0＋0＝0で3でわった余りも0ですから2人とも勝ちになってしまいます。相手が1本か2本の指を出すと，0＋1＝1，0＋2＝2で3でわった余りは1か2なので常に負けます。

したがって，0本は不利なので，1本か2本の指を出すことになりますが，相手も同様に考えて1本か2本の指を出し，この場合はいずれも引き分けになってしまいます。3人の場合は（これが研究授業で取り上げられた例でしたが），指の組合せの総数は$3^3=27$で27通りです。すべてをかき出してだれが勝つのかを調べるのはそんなに大変ではないので，研究授業では樹形図をつくって調べていました。3人をA，B，CとしてAさんが0本を出した場合を考えてみます。B，Cがともに0なら和も0で3でわった余りも0ですから，この場合は全員が勝者で引き分けです。残りの8通りについて同じように調べると，(0，0，1)(0，0，2)のときはCさんの勝ち，(0，1，0)(0，2，0)のときはBさんの勝ち，(0，1，2)(0，2，1)のときはAさんの勝ち，(0，1，1)(0，2，2)のときはアイコで，Aさんの勝つ確率は$\frac{2}{9}$になります。同じように考えると，Aさんが1か2を出したときの勝つ確率は$\frac{3}{9}=\frac{1}{3}$（勝者が2人の場合を含む）となり，Aさんの作戦としては1か2を出すと有利になります。

　ここまでが研究授業の内容で，授業に参加した生徒は樹形図をつくることで全体の見通しがよくなることを実感していました。見落としなくすべての場合を網羅するためには樹形図はとても大切な考え方です。ところが，研究授業の後，同僚の教員の指摘でおかしなことに気が付いたのです。Aさんの考えは全く同様にBさん，Cさんにも当てはまります。ですから，3人が合理的に物事を判断すれば，全員が1か2を出すはずです。ところがその場合，Aさんが0を出すと，3人の手は(0，1，1)(0，1，2)(0，2，1)(0，2，2)の4通りとなり，その結果はAさんの勝ち((0，1，2)(0，2，1))かアイコ((0，1，1)(0，2，2))でAさんは負けることがなく，勝つ確率は$\frac{1}{2}$になります。これをどう考えるべきなのか筆者自身にも結論が出ていません。読者のご一考をお願いします。

〈参考文献〉
・岩沢宏和『確率パズルの迷宮』（日本評論社）

（瀬山　士郎）

授業で使える

中学校数学
パズル・ゲーム大全

その他

パラドックス

1 ガリレオのパラドックス（1年／正負の数）

❶問題

自然数と整数はどちらが多いでしょうか。

❷答え

　自然数と整数は1対1に対応させることができるので，個数が等しいと言えます。ただし，自然数と整数は無限集合ですから，正しくは個数が等しいという言い方ではなく，「自然数と整数は対等である」「自然数と整数は濃度が等しい」というような言い方になります。
　生徒の多くは，次のように考えて自然数よりも整数の方が多いと判断するでしょう。
①自然数は正の整数である。
②整数には正の整数，0，負の整数がある。
③自然数（正の整数）は整数の一部であり，0と負の整数の分だけ整数の方が自然数よりも多い。
　－2から2までの整数を例にして考えても，自然数は1と2の計2個，整数は－2，－1，0，1，2の計5個ですから，生徒が自然数と整数の個数が等しいことに納得できなくても不思議ではありません。生徒は数を知っていて，有限集合の場合は要素の個数で集合の大きさを比較します。しかし，無限集合は要素が無限にあり，個数での比較はできません。
　小学校1年で図1のように1対1対応をさせて数の大小を比較したことを

考えると，自然数と整数の集合の大きさを比較することができます。

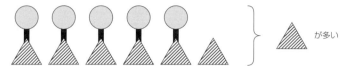

図1　1対1対応を使った数の比較

無限集合の場合も有限集合と同じく，1対1対応の概念を使って集合の大きさを比較します。整数 n に対して，$n>0$ のときは自然数 $2n$ を，$n \leqq 0$ のときは自然数 $-2n+1$ を対応させると，下のように整数と自然数は1対1対応します。ZとNは，それぞれ整数の集合と自然数の集合を表します。

$Z = \{\cdots -2, -1, 0, 1, 2, \cdots\}$

$N = \{1, 2, 3, 4, 5, \cdots\}$

❸授業で扱うポイント

　この問題は，生徒が数学では公理のように正しいと認める前提以外には，なぜそうなるのかという根拠があるということを生徒に意識させるために利用できる問題だと思います。

　生徒は集合という言葉は知っていても，集合，無限，対応などについては，先の数学で詳しく学ぶ内容なので，具体的な例を使って，丁寧に指導することが必要です。

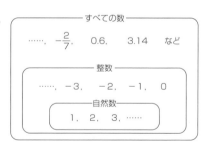

図2　数の包含関係

　しかし，難しそうに見えても，小学校で使ってきたような既習の知識で理解したり，解釈したりできることに気付くと，生徒の数学に対する見方は変わってくると思います。教科書によくある図2のような数の包含関係を見て直感的に判断したことが，根拠によって裏切られることは，意外性があり，生徒も楽しんで学習できると思います。

2 モンティ・ホール問題(2年/確率)

❶問題

　テレビ番組の中で挑戦者が豪華景品を当てるゲームにチャレンジします。
　挑戦者の前には，3枚のドアA，B，Cがあります。3枚のドアのうち，1枚のドアの後ろだけに景品がありますが，他の2枚のドアははずれです。司会者はどのドアの後ろに景品があるかを知っており，ゲームは次の①〜③の手順で進みます。
①挑戦者はA，B，Cから1枚のドアを選びます。
②司会者は挑戦者が選ばなかったドアのうち，1枚のドアを開けますが，必ずはずれのドアを開けます。
③司会者は挑戦者に，ドアを変えて構わないと言います。
　このとき，挑戦者ははじめに選んだドアから残ったドアに変えるのと，変えないのと，どちらがよいでしょう。

❷答え

　挑戦者は，はじめに選んだドアを残ったドアに変える方がよい。

景品の あるドア	挑戦者が 選ぶドア	司会者が開けるドアと 残ったドアの当たりはずれ
A	A	当たり…BかCを開け，残った1枚のドアははずれ
	B	はずれ…Cを開け，残ったAのドアは当たり
	C	はずれ…Bを開け，残ったAのドアは当たり
B	A	はずれ…Cを開け，残ったBのドアは当たり
	B	当たり…AかCを開け，残った1枚のドアははずれ
	C	はずれ…Aを開け，残ったBのドアは当たり
C	A	はずれ…Bを開け，残ったCのドアは当たり
	B	はずれ…Aを開け，残ったCのドアは当たり
	C	当たり…AかBを開け，残った1枚のドアははずれ

図3　景品のあるドアと挑戦者，司会者が選ぶドアの関係

図3は景品のあるドアと挑戦者，司会者が選ぶドアの関係です。まず，挑戦者が選んだドアを変えないで景品が当たるのは，挑戦者がはじめに選んだドアが景品のあるドアのときですから，9通りのうちの3通りになります。次に，挑戦者がはじめに選んだドアから残ったドアに変えて景品が当たるのは，挑戦者がはじめに選んだドアがはずれのドアのときですから，9通りのうちの6通りになります。

　生徒の多くは，司会者が3枚のドアのうち，1枚のドアを開けたから，ドアは2枚になり，2枚のドアのうち，どちらか1枚のドアの後ろにだけ景品があるのだから，当たる確率もはずれる確率も$\frac{1}{2}$になり，変えても変えなくても同じだと考えると思います。

　図3を使って生徒に，挑戦者がはじめに選んだドアを変えない場合と，変える場合で，どのようなことが起こるかを考えさせると，最初にドアを選んだ時点では当たる確率は$\frac{1}{3}$，はずれる確率は$\frac{2}{3}$になるので，挑戦者は最初にはずれのドアを選んでいる確率が高いことに気付くでしょう。

　図3を使っても納得できないという生徒には，ドアの数を増やして考えさせるとよいでしょう。ドアが10枚のとき，生徒に1枚を選ばせて，「自分が選んだドアの後ろに景品があると思うか，自分が選ばなかった9枚のドアのうちのどこかに景品があると思うか？」と問えば，選んでいない9枚のどこかにあると答えるでしょう。その後で，はずれのドアを8枚開けて，ドアを変えた方がよいかを問えば，2枚のドアのうち，どちらか1枚のドアの後ろにだけ景品があっても，最初に選んだドアの当たる確率とドアを変えたときの当たる確率が同じでないと直感的に理解できると思います。

❸授業で扱うポイント

　2年で確率を学ぶとき，生徒は「同様に確からしい」という用語を学びます。教科書の問題などでは，生徒はこのことをほとんど意識していないと思います。この問題は，なぜ「同様に確からしい」という前提が重要なのかを実感させるために利用できると思います。

3 ゼノンのパラドックス（3年／相似な図形）

❶問題

直径を AB とする半円があります。この半円の半径を r cm とすると，弧 AB の長さは πr cm です。次に，線分 AB を二等分してできる線分 OA，OB を直径とする半円をかきます。これらの半円はもとの半円と相似で相似比は 2：1 です。各半円の弧の長さはもとの半円の弧の長さの $\frac{1}{2}$ ですが，半円は 2 個あるので，弧の長さの和はもとの半円の弧の長さと等しくなります。

同じようにして，新しくかいた円の直径を二等分してできる線分を直径とする半円をかきます。これらの半円も最初の半円と相似で相似比は 4：1 です。各半円の弧の長さはもとの半円の弧の長さの $\frac{1}{4}$ ですが，半円は 4 個あるので，弧の長さの和はもとの半円の弧の長さと等しくなります。この操作を繰り返して半円を小さくしても，弧の長さの和は，いつももとの半円の弧の長さと同じです。

ところが，この操作を繰り返すたびに，半円は小さくなり，直径に近付くので，半円の弧の長さの和は，いずれ直径と等しくなると思います。

このように考えると，最初の半円の弧の長さと直径は等しいことになってしまうのですが，何がおかしいのでしょうか。

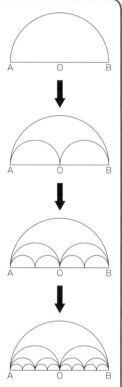

❷答え

どんなに半円を小さくしても，半円は半円のままで，直線になることはありません。したがって，どれだけ(1)の問題のような操作を繰り返しても，半円の弧の長さの和は πr cm であり，半円の直径と同じになることはありませ

ん。

　生徒の多くは，これまでの算数・数学で学んできたことから常識的に考えると，この問題で結論付けているような，最初の半円の弧の長さと直径は等しいことになってしまうなんてあり得ないと判断するでしょう。

　しかし，改めて，「何がおかしいのでしょうか？」と問われると，ここがおかしいと説明できず，頭を悩ませることになるでしょう。

　問題における図を見ても，半円が小さくなると，直線に近付いていることは間違っていないし，さらに小さくしていくと，最後は直線になりそうに思えてしまうところが，生徒が問題の説明の中の何がおかしいのかに気付けない原因です。

　この問題で，生徒は「2つの図形があり，一方の図形を拡大または縮小すると，もう一方の図形と合同になるとき，2つの図形は相似である」という相似の定義に戻って考えると，もとの半円と相似な半円をかく作業を続けても，半円と相似ではない直線になることはないと納得できると思います。

❸**授業で扱うポイント**

　図4は，小学校6年で，児童に円の面積を求める公式を考えさせるときに使われる，円を長方形に近似する作業です。

　円を小さく切って組み合わせる作業において，円を非常に細かく等分して並べ替えると，おうぎ形の弧を並べた曲線の部分が最後は直線になると思っている生徒は少なくありません。

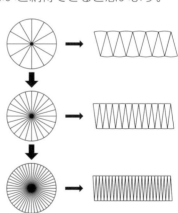

図4　円を長方形に近似

　この問題は，「直線に近付く」ことと「直線になる」ことの違いを生徒に捉えさせ，近似についての理解を深めるために利用できると思います。

（秋田　美代）

授業で使える

中学校数学
パズル・ゲーム大全

その他

暗号

1 シーザー暗号（3年／多項式）

(1)『2001年宇宙の旅』というお話の中に「HAL（ハル）」という名のコンピュータが出てきます。この「HAL」という名は，ある3文字のアルファベットがもとになってつくられたという説があります。それは，次の①～③のどれでしょうか。
① LAH　　　　② IBM　　　　③ ALH

　まずは，生徒に何らかの根拠をもって予想させることが大切です。その際，①はLとHを入れかえれば「HAL」になるので，そのように予想する生徒も多いでしょう。そこで，少し間をおいて「文字をずらしてつくったそうです」というヒントを与えてみます。③の文字をずらしても「HAL」になりますが，②だけが他と異なることが気になる生徒も出てきます。あるいは，「どうずらしたら"IBM"が"HAL"になるのだろう」と気になりだす生徒もいます。中には，「アルファベットの順だと，H→I→J→…，A→B→C→…，となるのだから，もしかしたら…」と気付く生徒も出てきます。ここでは，答えを当てること以上に，生徒が自分なりの根拠をもって予想したりつくり方を考えてみたりすることが大切です。

　答えは②ですが，『3001 The Final Odyssey』の中でArthur自身は「I have been embarrassed by the -totally unfounded- rumor」と述べています。ただ，『16歳のセアラが挑んだ世界最強の暗号』でも「アーサー・C・クラークの『2001年宇宙の旅』に登場するコンピュータの『ハル（HAL）』

という名前は，"IBM"の個々のアルファベットを25だけシフトさせた（あるいはより簡単には，1だけシフトバックさせた）ものだという」と触れられているように，広く知られた説のようです。ここでは個々のアルファベットをずらす（シフトさせる）という考えに目を向けさせることがポイントです。

(2) sleep をいくつ分ずらすと bunny になるでしょうか。

次に，生徒が暗号をつくる活動を行っていきます。その前に生徒に次のようなアルファベットの対応表を作成させたいところですが，下の行を空白にしたワークシートと板書を用意するとよいでしょう。その際，s → b，l → u，e → n，p → y と対応する文字から埋め，残りを順に埋めていきます。表をつくってみることで，9つずらしていることに気が付くでしょう。

a	b	c	d	e	f	g	h	i	j	k	l	m	n	o	p	q	r	s	t	u	v	w	x	y	z
j	k	l	m	n	o	p	q	r	s	t	u	v	w	x	y	z	a	b	c	d	e	f	g	h	i

この表を基に，何か好きな単語や自身の名前をローマ字で書いたものなどを暗号化させてみましょう。必ずしも，「sleep → bunny」のように判読可能な単語になるとは限らず，むしろそうではない場合の方が多いことがわかるはずです。もちろん，ずらす数を変えていってもよいでしょう。例えば3つずらしたときも，「cold → frog」のようなケースもありますが，ほとんどは判読不可能な単語に変換されます。

さらに，対応を意識させたいなら，右のような「暗号円盤」を作成してもよいでしょう。定規とコンパスを用いて作成する場合，アルファベットの26文字にピリオドや空白，「？」や「！」等を加えて32文字にすると作成がしやすく，文書を暗号化することも可能です。

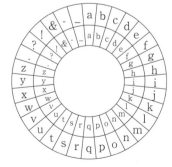

暗号円盤

作成した暗号文を交換し合ったり，解読し合う活動も考えられます。暗号を解読していくことで，ずらした数が暗号の「鍵」になることや，実は鍵の安全性こそが重要なのだということに気付かせることがポイントです。
　また，こうした暗号を**「シーザー暗号（Caesar cipher）」**ということを，その由来とともに紹介してもよいかもしれません。

> (3)シーザー暗号を式で表すことはできるでしょうか。

　先の(2)で考えると，9つずらしているわけですから，暗号化する文字を x，暗号化された文字を y として，次のような式を考える生徒もいます。

$$y = x + 9$$

　そして，a〜zまでの文字を数に置き換えればよいと考えるでしょう。ところが，この考えは「e→n」「l→u」「p→y」については説明できるのですが，先頭の「s」では y の値が26を超え，うまく「b」に対応できません。
　そこで，身の回りにあり，こうした仕組みをうまく説明できそうなものを想起させてみます。先の暗号円盤があると想起しやすいかもしれませんが，「13時→（午後）1時」のように，時計を用いるとうまく説明できるのではないか，と気付く生徒が出てきます。また，13時→1時，14時→2時，15時→3時→…と考えていく中で，12でわった余りで考えればよいことに気付く生徒も出てきます。ただし，a〜zまでの文字を数に置き換えようとしたとき，aを1とおきzを26として考えてしまう生徒も出てきます。教室などにある時計は，1〜12の数が入っていますから，このように考えても不思議ではありません。1〜26とおくことの何がおかしいのかについて考えさせることも大切です。そうすることで，余りが26になることはないことや0から始めた方がよいことなどに気付くことができます。

a	b	c	d	e	f	g	h	i	j	k	l	m	n	o	p	q	r	s	t	u	v	w	x	y	z
0	1	2	3	4	5	6	7	8	9	10	11	12	13	14	15	16	17	18	19	20	21	22	23	24	25

ここまできたら，いよいよ生徒たちにmod（=modulus，法）を用いた記数法を導入しましょう。一般に，整数mを自然数nでわった余りをr（$0 \leq r < n$）としたとき，「$m \bmod n = r$」と表されます。例えば時間の場合は，
$$13 \bmod 12 = 1$$
となります。これをヒントに，先の「$y = x + 9$」を基にどう表したらよいかを考えてみることで，「$y =(x+9) \bmod 26$」と考えるとうまくいくことに気付かせたいところです。

　その他にも，アルファベットだけだと鍵が26通りしかないことに気付いたり，その安全性に疑問をもつ生徒もいるかもしれません。そこで，次のようなキーワードによるアルファベットの並べ替えを紹介してもよいでしょう。

例　キーワードが「kitajima」だとします。次に，この文字列の中でダブって現れる文字を削除して「kitajm」とします。この文字列を暗号アルファベット（下の行）の先頭に置き，最後の文字であるmに続けて残りのアルファベットから「kitajm」を除いて順に入れていきます。

a	b	c	d	e	f	g	h	i	j	k	l	m	n	o	p	q	r	s	t	u	v	w	x	y	z
k	i	t	a	j	m	n	o	p	q	r	s	t	u	v	w	x	y	z	b	c	d	e	f	g	l

　こうしたシーザー暗号ではなく，公開鍵暗号の話題に触れている中学校の教科書もありますが，その仕組みの理解には素因数分解とともに合同式についても学ぶ必要があります。また，合同式は数学Aの「整数の性質」でも扱われることがありますので，中学3年で慣れておくとよいかもしれません。

〈参考文献〉
・Clarke, Arthur C『3001 The Final Odyssey』（Del Rey Books）
・セアラ・フラナリー，デイヴィッド フラナリー『16歳のセアラが挑んだ世界最強の暗号』（日本放送出版協会）
・サイモン・シン『暗号解読』（新潮社）
・学校図書教科書『中学校数学3』

（北島　茂樹）

授業で使える

中学校数学 パズル・ゲーム大全

その他

数学マジック

　情報化社会の現代，数学は社会のあらゆるところで使われ役立っています。しかし，一般の人が日常生活の中で方程式を解いたり作図をしたりして数学を使うことはおそらくありません。それは数学が表面的には見えない原理的なところや非常に専門的な場面で使われているからです。でも，そんな数学のおもしろさを身近な場面で見せられるのがマジックやトリックの解明です。
　生徒も大好きで不思議なマジックを，図をかいたり，文字式で考えたり，数の性質を使ってすっきり解明することで，数学の威力を感じさせることができます。

1 オセロマジック（2年／式の計算）

〔用意するもの〕オセロ盤，オセロのコマ20枚，目隠し

T　今日は，オセロを使ったマジックをやってみます。そのタネを数学で解明してください。まず，オセロ盤の上に20枚のオセロのコマをすべて黒にしておきます。私は目隠しをするので，誰か好きな枚数だけ裏返して白にしてください。裏返した枚数を教えてもらえば，私は目隠しをしたまま20枚のコマを2つのグループに分けて，その中の白の枚数をまったく同じにすることができます。

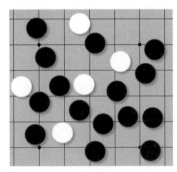

〔やり方〕裏返した枚数と同数だけ手探りで選り分け，それをすべて裏返す。そうすると，選り分けたグループ内の白の枚数と，残りのグループ内の白の枚数は同じになる。

❶問題

2つのグループ内の白の枚数を同じにするには，裏返して白にした枚数と同数だけ手探りで選り分け，それらをすべて裏返せばよい。裏返して白にした枚数を n 枚，選り分けた n 枚の中の白の枚数を a 枚として，2つのグループ内の白の枚数が同じであることを示せ。

❷答え

20枚のオセロのうちの n 枚が白である。この中から任意に選り分けた n 枚の中に白が a 枚あったとするとその中の黒は $n-a$ 枚で，残りの $20-n$ 枚の中に白は $n-a$ 枚ある。そこで選り分けたコマを全部裏返せば $n-a$ 枚の黒が白になり，2つのグループの白の数は一致する。

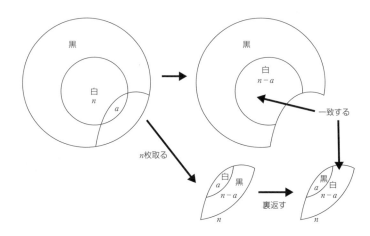

※なお，オセロの枚数は何枚でもよいが，20枚前後が手ごろ。また，オセロ盤なしで机上でも可能だが，拡散させないために盤を用いた。

2 数当てマジック（1年／文字と式）

T 次は，数当てマジックをやってみます。やはり数学で解明することができます。板書した5つの数の中から1つ選び，自分で考えた好きな2桁の数をかけてください。そして，できた数の中の1つの数字に○を付けてください。ただし，0には付けません。○の付いていない数字を全部教えてもらえれば，○を付けた数字を当てることができます。

| | 3141 | 2340 | 1278 | 5283 | 9765 |

〔やり方〕例えば，5283を選んだ生徒が21をかけて110943を得て，3に○を付けたとすると，○の付いていない数字1，1，0，9，4を答えるので，これらを全部加え，それより大きくて一番近い9の倍数との差を答えればよい。この場合，1＋1＋0＋9＋4＝15であるから，一番近い9の倍数18との差を計算して3とわかる。

❶問題

> 板書した5つの数に共通した特徴は何か。また，その特徴の数のもつ性質を使って，○を付けた数の当て方を解明せよ。

❷答え

　板書した5つの数は，すべて9の倍数である。9の倍数には「各位の数の和も9の倍数になる」という性質があり，9の倍数にどんな数をかけても9の倍数であるから，生徒が2桁の数をかけて求めた数も9の倍数。その中の数字の1つに○を付けて残りの数を答えるので，それらの和に加えて9の倍数となる数を答えればよい。

※0に○を付けないのは，和が9の倍数になって0か9かの区別がつかなくなるため。なお，「9の倍数は各位の数の和も9の倍数になる」という性質を生徒が知らない場合は，文字式の計算で示す必要がある。

3 カードマジック（2年／式の計算）

〔用意するもの〕トランプ1組

T 最後に，トランプマジックをやってみます。マジックには数学的なタネが使われているものも多くあり，これもその1つです。誰か1人にアシスタントをお願いしますが，その人が自由に選んだカードの山の一番上のカードを当てるマジックです。

〔やり方〕生徒を1人教壇の前に呼び，その前でジョーカーを除いた52枚のトランプをよくきって裏のまま一山にして手に持ち，次の手順でカードを動かす。

(1) 一番上のカードを1枚めくってみんなに見せて数を確認し，表のまま机の上におく。

(2) めくったカードの上に，その数に続けて13まで数えながらカードをめくり，表のままその上に重ねておいていく。例えば，めくったカードが8なら，9・10・11・12・13と数えながら5枚おく。めくったカードがエースのときは1，ジャックは11，クィーンは12，キングは13と数える。重ね終わったらそれらのカードをまとめて裏返して1山つくる。

(3) さらに，手元にあるカードの一番上の1枚をめくり，出た数に続けて同様に13まで数えてカードをおいていき，裏にして2山目をつくる。これを，手元のカードがなくなるまでくり返す。重ねるカードが13にたりなくなったらそれらのカードはまとめて脇においておく。

(4) こうしてできたいくつかのカードの山から，アシスタントの生徒に好きな山を3つだけ選ばせる。選ばれなかったカードは(3)で脇においたカードと一緒にして手に持つ。

(5) 「このマジックは『13の不思議』というもので，13という数が大事です」と言いながら，選ばれた3つの山を1・2・3と数え，それに続けて手元のカードの中から4・5・6…と13まで数えて（10枚の）カードを除く。

(6) 3つの山からさらに生徒に2山選ばせ，それらの一番上のカードをめくっ

151

て出た数を言わせ，それと同じ枚数のカードを手元のカードから除く。

(7)「さあ，最後に残った1山のカード。この山の一番上のカードの数を当てるのがマジックです。その数は，私の手元に残ったカードが教えてくれます」と言って，手元にあるカードの枚数を数えてから，生徒に山の一番上のカードをめくらせると，枚数とカードの数が一致している。

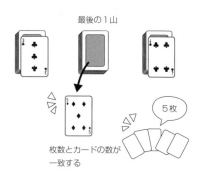

❶問題①

カードの山をつくるとき，めくって出た数に続けて13まで数えながらカードを出した。めくったカードの数が a のとき，その山には何枚のカードがあるか。

❷答え①

a は1から13までのいずれかなので，a に続けて13まで数えながらカードを出すということは，13から $a-1$ をひいた枚数を出すことになり，カードは $13-(a-1)=14-a$ 枚になる。

$$\underbrace{1, 2, \cdots a}_{a-1 枚}, \underbrace{\cdots, 13}_{13-(a-1) 枚}$$

❸問題②

たくさんできたカードの山から生徒は3つの山を自由に選んだ。これらの山の一番上のカードの数をそれぞれ a, b, c とすると，各山にある

カードの枚数の合計は何枚になるか。
　また，それ以外のカードはすべて教師の手元にあるが，これは何枚になるか。ただし，カードの総数は52枚である。

❹ 答え②

　山の一番上のカードは，その中で最初に引いたカードなので，それが a，b，c なら各山にあるカードは問題①よりそれぞれ $14-a$，$14-b$，$14-c$ 枚である。よって，これらの和は $42-a-b-c$ 枚。カードの総数は52枚であるから，教師の手元にあるカードの枚数は，$52-(42-a-b-c)=10+a+b+c$ 枚となる。

❺ 問題③

　教師が最後に，選ばれたカードの山の数 3 に続けて手元のカードの中から 4・5・6 …と13まで数えてカードを除いたが，このことによって手元には何枚のカードが残るか。
　このことから，教師の手元のカードの枚数で，最後に残ったカードの山の一番上のカードの数を当てることができる理由を説明せよ。

❻ 答え③

　問題②より教師の手元には $10+a+b+c$ 枚のカードがあるが，ここからさらに 4 から 13 まで数えて10枚除くので，$a+b+c$ 枚残ることになる。最後に，残った 3 つの山の一番上のカードの数の和も $a+b+c$ であるから，生徒がどの 2 山を選んでも，選んだ山のカードの数と同じ枚数を除けば，残りの山の一番上のカードの数と教師の手元に残ったカードの枚数は必ず一致する。よって，手元のカードの枚数を答えれば，残りの山の一番上のカードの数を当てることができる。

（小森　弘三）

授業で使える

中学校数学 パズル・ゲーム大全

その他

数学史の問題

1 〔ギリシャ〕ディオファントスのお墓（1年／方程式）

❶問題

> 古代ギリシャの数学者ディオファントスのお墓には，彼の一生について，数学の問題として刻まれている。彼は何歳で亡くなったか。
>
> 「一生の6分の1は，かわいい少年で，12分の1はあごにひげを生やした若者だった。7分の1は子のない結婚生活を送り，その5年後に息子が生まれた。だが，その息子は父の2分の1しか生きず，深い悲しみを味わった。息子の死後4年が経って，彼はその一生を終えた」

❷答え

ディオファントスが x 歳で亡くなったとすると，次の方程式が立てられる。

$$x = \frac{x}{6} + \frac{x}{12} + \frac{x}{7} + 5 + \frac{x}{2} + 4$$

6，12，7，2の最小公倍数84を両辺にかけると，

$84x = 14x + 7x + 12x + 420 + 42x + 336$

$9x = 756$　ゆえに，$x = 84$　したがって，84歳である。

❸授業で扱うポイント

ディオファントス（214?－298?）は「代数学の父」とも呼ばれています。出回っている文章にはいくつかパターンがあり，彼の人生の7分の1がひげを生やしていない若者の時期とし，結婚して5年で子を授かるというパターンもあるようです。また，方程式を使わなくても解けます。

（別解）

彼の一生を1とすると，「〜分の1」で表された期間の合計は，$\frac{1}{6}+\frac{1}{12}+\frac{1}{7}+\frac{1}{2}=\frac{14+7+12+42}{84}=\frac{75}{84}$である。$1-\frac{75}{84}=\frac{9}{84}$の期間が$5+4=9$年に当たるから，彼が亡くなったのは84歳である。

最近 NHK の E テレの番組『2355』でおやすみソングとして取り上げられるようになってから，この話題の知名度は随分と上がりました。

2 〔エジプト〕リンド・パピルスの問題（2年／連立方程式）

❶問題

> 一列に並んだ A，B，C，D，E の 5 人に 100kg の穀物を分けた。隣り合う 2 人の取り分の差は皆同じで，A の分が最も少なく，E の分が最も多くなっている。A と B の取り分の合計は，C と D と E の取り分の合計の 7 分の 1 であった。それぞれの取り分を求めなさい。

❷答え

A の分を x kg，隣り合う 2 人の取り分の差を y kg とすると，B，C，D，E の分はそれぞれ $(x+y)$ kg，$(x+2y)$ kg，$(x+3y)$ kg，$(x+4y)$ kg である。よって，次の連立方程式が立てられる。

$$\begin{cases} x+(x+y)+(x+2y)+(x+3y)+(x+4y)=100 \\ x+(x+y)=\frac{1}{7}\{(x+2y)+(x+3y)+(x+4y)\} \end{cases}$$

式を整理すると，

$$\begin{cases} x+2y=20 \\ 11x=2y \end{cases}$$

これを解くと，$(x, y)=\left(\frac{5}{3}, \frac{55}{6}\right)$であるから，A，B，C，D，E の取り

分はそれぞれ $\frac{5}{3}$ kg, $\frac{65}{6}$ kg, 20kg, $\frac{175}{6}$ kg, $\frac{115}{3}$ kgである。

❸授業で扱うポイント

　「リンド・パピルス」は，紀元前1650年ごろに古代エジプトで，アーメスが筆写した数学文書です。スコットランドの古物収集家ヘンリー・リンドが発見したので，そう呼ばれています。数学のルーツからの出題です。

　未知数の設定の仕方は様々です。「Ｃの取り分はすぐわかるね」と尋ねてもおもしろいですね。はっと気付いた表情をする生徒がいることでしょう。「Ｃの分は20kgだ」と共有できれば，次のような別解も考えられます。真ん中の「Ｃの分は20kgだ」という感覚はパズル的ですが，大切です。

（別解）
　隣り合う2人の取り分の差を d kgとする。Ｃの取り分は20kgであるから，Ａ，Ｂ，Ｄ，Ｅの分はそれぞれ $(20-2d)$ kg, $(20-d)$ kg, $(20+d)$ kg, $(20+2d)$ kgである。よって，次の方程式が立てられる。$(20-2d)+(20-d)=\frac{1}{7}\{20+(20+d)+(20+2d)\}$　ゆえに，$d=\frac{55}{6}$（以下略）

3 〔日本〕めのこ平方（3年／平方根）

❶問題

> 　和算書『勘者御伽双紙（かんじゃおとぎぞうし）』には，平方根の値を求める方法の1つとして「めのこ平方」が紹介されている。例えば，$\sqrt{13}$ の整数部分Ｎを求める。$13-1=12$，$12-3=9$，$9-5=4$で，$4-7$ は負になるので計算せず，3回ひき算ができたと考える。ゆえに，N=3である。このように，$\sqrt{A}$ のＡから1，3，5，7，…と順に奇数をひいていき，負にならないひき算のできた回数が，$\sqrt{A}$ の整数部分と同じなのはなぜだろうか。

⑵答え

　$\sqrt{A}$ の整数部分を N とすると，$\sqrt{N^2} \leq \sqrt{A} < \sqrt{(N+1)^2}$ と表すことができる。その N^2 は，1 から始まる N 個の（正の）奇数の和に等しいから。

❸授業で扱うポイント

　和算書『勘者御伽双紙』(1743年) は中根彦循(げんじゅん)（1701－1761）によるもので，たくさんの数学遊戯が集められています。そのうちの「めのこ平方」という項目です。『勘者御伽双紙』では「女子平方(めのこ)」となっていますが，「目の子」には「そろばんや筆算などに頼らずに目で確かめながら計算すること」とあり，この意味も含まれると思います。

　授業で扱う際には，教科書で「正の数 a, b で，$a < b$ ならば $\sqrt{a} < \sqrt{b}$ であり，その逆も成り立つ」ことを確認し，整数部分を求める問題を演習した後がよいでしょう。そして，「1＋3＋5＝？，1＋3＋5＋7＝？，1＋3＋5＋7＋9＝？」などと黒板に書き，1から始まる奇数の和が平方数に等しいことに生徒が気付けば，答えは間近です。「四角数」にも触れると，ビジュアルで捉えられ，深い理解が期待できます。

　『勘者御伽双紙』では，さらに $\sqrt{A}$ の小数部分の計算にも迫っていきます。（発展）

　$\sqrt{13}$ の小数第1位の数字 M を求める。整数部分 N の3に0.1を加えた3.1を二乗して9.61となる。この9.61から N^2 の9をひいた0.61を，整数部分を求めたときに出たあまりの4からひく。4－0.61＝3.39，3.39－0.63＝2.76，2.76－0.65＝2.11，2.11－0.67＝1.44，1.44－0.69＝0.75，0.75－0.71＝0.04で，0.04－0.73は負になるので計算せず，6回ひき算できたと考える。ゆえに，M＝6である。これ以降の小数も同じ考え方で求められる。

　実際に，$\sqrt{13} \fallingdotseq 3.6$ です。数学の選択授業などで，この計算法の謎に迫る授業もおもしろそうですね。

　ちなみに，『勘者御伽双紙』は NPO 法人和算を普及する会が現代訳付き

上中下巻3冊を発行しており，中学や高校の授業で使えそうなネタを拾うことができます。

4 〔アラビア〕2匹の鳥（3年／三平方の定理）

❶問題

> 川をはさんで2本の木が真っ直ぐに生えている。高い方の木は15m，低い方の木は10m，2本の木の根もとの距離は25mである。2本の木のてっぺんには，それぞれ鳥がいた。
>
> 1匹の魚が川面を跳ねた瞬間，2匹の鳥は同時に同速度で飛び出し，同時にその魚をくわえた。魚が跳ねたのは高い方の木の根もとから何m離れた位置か。

❷答え

下の図で，線分AD，線分BCは木を表している。点C，Dの位置から，鳥は同時に飛び出し，同じ距離を飛んだから，DP＝CP…①である。

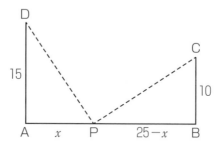

△ADPと△BCPはともに直角三角形で，三平方の定理により，$DP^2 = x^2 + 15^2$，$CP^2 = (25-x)^2 + 10^2$である。①より，$x^2 + 15^2 = (25-x)^2 + 10^2$であり，これを解いて，$x = 10$となる。したがって，10mである。

❸授業で扱うポイント

11世紀のアラビアの数学者からの出題です。幾何パズルとして処理することもできます。

（別解）

　台形 ABCD と合同な台形を辺 CD の中点 M を中心に180°回転させて重ねると，四角形 ABA'B' は正方形である。CD = P'P が証明できる（略）から，四角形 DPCP' も正方形である。∠DPC が直角であるから，△ADP ≡ △BPC が証明できて（略），AP = BC =10mである。

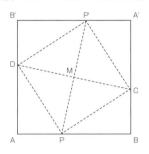

（中島　秀忠）

【編者紹介】

『数学教育』編集部（すうがくきょういくへんしゅうぶ）

【執筆者一覧】

神原　一之（武庫川女子大学教授）
上垣　　渉（三重大学名誉教授）
上原　永護（群馬県渋川市立渋川北小学校）
小澤　嘉康（海城中学・高等学校）
松浦　敏之（岡山市立建部中学校長）
伊藤　邦人（立命館小学校）
中原　克芳（広島女学院中学・高等学校）
吉村　　昇（熊本大学准教授）
北島　茂樹（明星大学准教授）
三井田裕樹（筑波大学附属駒場中学・高等学校）
秋田　美代（鳴門教育大学教授）
髙岡　　聰（北海道札幌市立山の手養護学校）
伊地知　純（大分県別府市立鶴見台中学校）
島　　智彦（神奈川学園中学・高等学校）
中村　公一（埼玉県日高市立高根中学校長）
荊木　　聡（大阪教育大学附属天王寺中学校）
藤原　大樹（お茶の水女子大学附属中学校）
小林　俊道（東京女子学園中学・高等学校）
峰野　宏祐（東京学芸大学附属世田谷中学校）
瀬山　士郎（群馬大学名誉教授）
小森　弘三（創価高等学校）
中島　秀忠（早稲田中学・高等学校）

授業で使える　中学校数学パズル・ゲーム大全

2019年7月初版第1刷刊　Ⓒ編　者『数学教育』編集部
2022年1月初版第5刷刊　　発行者　藤　原　光　政
　　　　　　　　　　　　　　発行所　明治図書出版株式会社
　　　　　　　　　　　　　　　　　http://www.meijitosho.co.jp
　　　　　　　　　　　（企画）矢口郁雄（校正）大内奈々子
　　　　　　　　　　　〒114-0023　東京都北区滝野川7-46-1
　　　　　　　　　　　振替00160-5-151318　電話03(5907)6701
　　　　　　　　　　　ご注文窓口　　　　　電話03(5907)6668

＊検印省略　　　　　　組版所　藤原印刷株式会社

本書の無断コピーは、著作権・出版権にふれます。ご注意ください。

Printed in Japan　　　ISBN978-4-18-281714-4

もれなくクーポンがもらえる！読者アンケートはこちらから　→